DAS SCHMECKT IHREM HUND

Das schmeckt Ihrem Hund

von Annegret Bangert
und Britta Endemann

Cadmos Verlag GmbH, Brunsbek
Copyright © 2001 by Cadmos Verlag
2. Auflage 2005
Gestaltung: Ravenstein, Verden
Layout und Satz: Manuela Eckenbach-Arndt, Lohmar
Alle Fotos im Innenteil: Tatjana Prawitz
Titelfoto: Prawitz
Druck: Westermann Druck, Zwickau
Alle Rechte vorbehalten.
Abdrucke oder Speicherung in elektronischen Medien nur nach vorheriger schriftlicher Genehmigung durch den Verlag.
Printed in Germany
ISBN 3-86127-720-4

INHALT

EINLEITUNG	7
Weg der Nahrungsaufnahme	8
Maul	8
Verdauungskanal	8
DIE EINZELNEN FUTTERMITTEL	10
Eiweiß	10
Gemüse	14
Obst	15
Kräuter	16
Kräutertee	19
Pflanzenöl	20
Beifuttermittel	21

MINERALSTOFFE, SPURENELEMENTE UND VITAMINE	22
Calcium (Ca), Phosphor (P)	23
Magnesium (Mg)	24
Kalium (K)	24
Natrium (Na)	25
Eisen (Fe)	26
Kupfer (Cu)	26
Zink (Zn)	26
Mangan (Mn)	26
Kobalt (Co)	27
Jod (J)	27
Selen (Se)	28
Vitamine	28

Fettlösliche Vitamine	28
Vitamin A (Retinol)	28
Vitamin D	29
Vitamin E	30
Vitamin K	30
Wasserlösliche Vitamine	30
Vitamin B1 (Thiamin)	30
Vitamin B2 (Riboflavin)	31
Vitamin B6	31
Vitamin B12 (Kobalamin)	32
Pantothensäure	32
Nikotinsäure	32
Biotin	32
Folsäure	33
Vitamin C (Ascorbinsäure)	34

MENGENANGABEN	36
Tabelle: Energiebedarf des Hundes nach Gewicht	36
Beispiel 1	37
Beispiel 2 (Rezept „Graupentopf")	37
Die tragende und säugende Hündin	40
Welpen	41
Milchersatz	41
Welpen nach dem Abstillen und Junghunde	43
Leistungshunde	45
Der alte Hund	46
Der übergewichtige Hund	47
Der untergewichtige Hund	48
Der kranke Hund	48

INHALT

Rezepte — 50
Einleitung — 50
Der Pansennapf — 52
Der Rindereintopf — 53
Kommissar Rex — 53
Hamburger Royal — 54
Das vegetarische Menü — 55
Menü für Allergiker — 56
Bohnentopf — 57
Graupentopf — 58
Linsentopf — 59
Hühnertopf — 60
Big Power — 61
Pig and Potatoe — 62
Kaninchen mit Nudeln — 63
Pute mit Rosenkohl — 64
Bratfisch — 65
Hering mit Quark — 66

Frühstücksbrei — 67
Kalte Küche — 68
Leckerlis — 68
Hundekuchen — 69
Vollkornkeks — 69
Leberkugeln — 70
Karotten-Käse-Muffins — 71
Weihnachtsplätzchen — 72
Winterglück — 72
Veggikeks — 73
Knoblauchtaler — 74
Hunde-Eis — 74
Süßer Nachtisch — 75

Anhang — 76
Produkte — 76
Literaturhinweise — 77

SO ARBEITET DER HUNDEKÖRPER

Einleitung

Gesunde Hunde auf der Höhe ihrer Kraft, mit glänzendem Fell, leuchtenden Augen und maximalem Spaß am Leben werden mit frischen Nahrungsmitteln gefüttert.

Damit mehr Hunde in den Genuss dieser Ernährung kommen, haben wir dieses Buch geschrieben. Wir sind keine generellen Gegner von Fertigfutter, denn es enthält ja alles, was notwendig ist um einen Hund am Leben zu erhalten, und im Wechsel mit Frischkost ist es auch eine durchaus akzeptable Ernährung. Aber eine alleinige Fütterung mit vorgefertigtem Futter ist nicht ideal. Und wenn Sie einmal auf die Verpackung eines Fertigfutters schauen, werden Sie feststellen, dass es auch nichts anderes als Fleisch, Getreide und in günstigen Fällen zudem Gemüse enthält. Um den Verlust an natürlichen Nährstoffen wettzumachen, fügen die Hersteller chemisch reine Vitamine und Mineralstoffe hinzu und oft auch noch Farb- und

Konservierungsstoffe. Darauf können Sie ab jetzt verzichten, wenn Sie immer öfter einfach selber kochen!

Wenn Sie nach den Rezepten in diesem Buch kochen, erhält Ihr Hund auch alles, was er benötigt, und in viel besserer und frischerer Qualität. Sie müssen sich nur etwas Zeit nehmen.

Für viele berufstätige Hundebesitzer mag das ein Problem sein. Viele Menschen kochen ja noch nicht einmal für sich selbst. Das Zeitproblem können Sie verringern, indem Sie ganze Mahlzeiten oder einzelne Zutaten in den richtigen, vorher ausgerechneten Mengen für mehrere Tage vorbereiten oder sogar einfrieren. Wenn Sie außerdem noch die einzelnen Zutaten einmal abwiegen und sich die Mengen, wie zum Beispiel eine Tasse, auf einem Zettel notieren und diesen Zettel irgendwo im Küchenschrank sichtbar aufhängen, haben Sie schon viel Zeit gespart. Und vielleicht denken Sie ja auch einmal über Ihre eigene Ernährung nach und suchen sich Zeit sparende Rezepte für eine gesunde vitalitätsfördernde Nahrung, dann können Sie einzelne Nahrungsbestandteile für sich und Ihren Hund gemeinsam zubereiten.

Das stärkste Argument für Frischkost, das von der Ernährungswissenschaft praktisch ignoriert wird, ist die darin enthaltene messbare Lebensenergie, die Vitalkraft der frischen Lebensmittel. Essen Sie doch mal ein paar Wochen lang ausschließlich gekochte, pürierte und zu Brocken getrocknete Nahrung – glauben Sie, dass Sie sich dann sehr fit fühlen?

Das zweite Argument ist, dass Sie genau wissen, was Ihr Hund frisst, denn Sie haben die Zutaten selbst ausgewählt. Und das dritte Argument ist, dass es Ihrem Hund einfach besser schmeckt.

Wenn Sie unsere Anleitung zum Kochen für Hunde befolgen, fehlen dem Futter keine wichtigen Nährstoffe und er wird artgerecht und abwechslungsreich ernährt. Außerdem können Sie noch die individuellen Bedürfnisse je nach Alter und Leistung berücksichtigen.

Also: Ran an die Töpfe!

Weg der Nahrungsaufnahme

Maul

Das Gebiss des erwachsenen Hundes hat 42 Zähne. Der Wechsel der Milchzähne zu den bleibenden Zähnen beginnt mit circa vier Monaten und endet mit etwa sieben Monaten. Die Backenzähne (Molaren) wechseln nicht, sondern brechen erst ab dem vierten Monat durch, ebenso die kleinen Prämolaren.

Der Speichel im Fang des Hundes enthält keine Verdauungsenzyme, die Speiseröhre übernimmt die Transportfunktion der Nahrung zum Magen.

Verdauungskanal

Der Hund schlingt seine Nahrung unzerkaut herunter. Im **Magen** beginnt durch Zuführung des Magensaftes die eigentliche Verdauung.

Im Magensaft kommen eiweißspaltende, jedoch keine fett- und kohlenhydratspaltende Enzyme vor. Starke körperliche Anstrengung, Aufregung und Läufigkeit kön-

Hmm, lecker! Einem solchen Angebot kann kein Hund widerstehen. Gut zu wissen, dass es auch gesund für ihn ist.

nen die Menge des Magensaftes einschränken. Leber, Bauchspeicheldrüse und die Nieren tragen ebenfalls zur Nahrungsverwertung bei. In **Dünn- und Dickdarm** wird die Nahrung weiter aufgeschlossen.

Eine gesunde, ausgeglichene Darmflora ist für die Verdauung sowie für ein starkes Immunsystem zur Verhütung von Infektionen von großer Bedeutung.

Der Saft der Bauchspeicheldrüse enthält die wichtigsten Enzyme für die Verdauung von Eiweiß, Fetten und Kohlenhydraten. Neben den körpereigenen Enzymen helfen bakteriell gebildete Enzyme bei der Spaltung von Kohlenhydraten und Eiweißen im Dünndarm.

Wenn die Nahrung den Dickdarm passiert, ist die Verdauung von Eiweiß und Fett nahezu abgeschlossen. Hier wird der Nahrung hauptsächlich Wasser und Calcium entzogen. Nicht verdaute Nahrungsbestandteile werden über den Enddarm ausgeschieden. Bei hoch verdaulichem Futter ist der Kot fest und geformt und wird in geringen Mengen zwei Mal täglich abgesetzt.

FÜTTERN SIE GESUND

Die einzelnen Futtermittel

EIWEISS

Eiweiß, auch **Protein** genannt, ist für die Erhaltung und den Aufbau der Körpersubstanz notwendig und gehört zu den wichtigsten Bauelementen für Gewebe und Körperflüssigkeit.

Es setzt sich, gleich ob tierisch oder pflanzlich, aus verschiedenen so genannten Aminosäuren zusammen. Das Vorhandensein oder Nicht-Vorhandensein der 20 verschiedenen essenziellen (lebenswichtigen) Aminosäuren im Eiweiß bestimmt dessen Qualität. Essenzielle Aminosäuren müssen mit der Nahrung zugeführt werden, da der Körper sie nicht selber bilden kann. Anders ist es mit nicht essenziellen Aminosäuren, die der Körper des Hundes selber aufbaut.

Fleisch, Eier, Milch und Pflanzeneiweiße sind Eiweißträger, die sich aus unterschiedlichen Aminosäuren in unterschiedlichen Mengen zusammensetzen. Hochwertig ist ein Nahrungsmittel, wenn ein hoher Anteil seiner Inhaltsstoffe vom Hund verwertet werden kann, das heißt im Körper seine vielfältigen Aufgaben erfüllt und nicht unverdaut über den Kot ausgeschieden wird. Der Eiweiß-Bedarf eines erwachsenen Hundes beträgt täglich pro Kilogramm Körpergewicht (KG) etwa 3,7 bis 4,5 Gramm.

Eiweißmangel in der Nahrung über einen längeren Zeitraum führt zu einer Schwächung des Immunsystems, Durchfall, Anfälligkeit für Hauterkrankungen und schlechter Haarqualität. Ein Überschuss an Protein führt ebenfalls zu Gesundheitsproblemen, so wird der Stoffwechsel und der Verdauungskanal beeinträchtigt, Leber und Nieren werden belastet; besonders wenn auch noch ein qualitativ minderwertiger Eiweißlieferant gewählt wird.

Fleisch enthält Eiweiß in hochwertiger Qualität. Dabei hat Muskelfleisch eine höhere Qualität als Innereien wie Pansen, Herz, Leber oder Lunge.

In der Hundefütterung werden Rind-, Geflügel-, Schaffleisch und Fisch als Hauptlieferanten für Eiweiß eingesetzt. Die verschiedenen Fleischsorten sind inhaltlich unterschiedlich zusammengesetzt, daher ist es sinnvoll zu variieren, um Einseitigkeit zu vermeiden. Das Gleiche trifft auch auf alle anderen Futtermittel zu.

Bei der Fütterung von **Rindfleisch** haben Sie die Möglichkeit Kopf- und Muskelfleisch, ungeputzten, das heißt grünen Pansen, Blättermagen und Herz einzuset-

Fleisch, Fisch, Innereien, Eier und Quark sind die Hauptlieferanten von Eiweiß im Hundefutter.

zen. Rohe oder gekochte Leber sollte wegen des hohen Mineralstoff- und Vitamingehaltes häufiger, aber nur in kleinen Mengen (nie mehr als maximal zehn Prozent der Futtermenge) auf dem Futterplan stehen. Wenn Leber in zu großen Mengen gefüttert wird, kann das zu einer Überversorgung mit Vitamin A und daraus folgenden Vergiftungserscheinungen führen. Außerdem kann die Leber auch sehr mit Schadstoffen belastet sein und zudem eine abführende Wirkung haben.

Pansen und Blättermagen vom Rind enthalten vorverdaute Pflanzenreste (wenn sie ungewaschen sind), die für den Hund ein guter Mineralstofflieferant sind. Sie werden auch von den meisten Hunden ausgesprochen gerne gefressen. Pansen füttern Sie am besten roh, da beim Erhitzen der Geruch für die menschliche Nase unerträglich ist. Rindfleisch muss nicht unbedingt gekocht werden. Rohes Rindfleisch entspricht mehr der naturgemäßen Ernährung

Ganz anders ist das bei **Schweinefleisch**; in ihm können sich die für den Hund tödlichen Erreger der Aujeszkyschen Krankheit befinden, die nur durch Kochen abgetötet werden können. Also Schweinefleisch immer kochen oder braten, dann ist es völlig ungefährlich. Schweinefleisch ist besonders gut für Hunde mit Untergewicht geeignet und schlechte Fresser reagieren in vielen Fällen sehr positiv auf Schweinefleisch.

Rohes **Schaffleisch**, besonders **Lammfleisch**, ist bei Hunden eine beliebte Abwechslung im Speiseplan. Besonders preisgünstig ist Lammrippe, die man auch roh mit Knochen füttern kann; auch die Innereien sind gut geeignet. Wenn Sie auf die richtige Größe achten sind Schafsknochen für Ihren Hund ein gesunder und schmackhafter Kauspaß.

Geflügel liefert ein leicht verdauliches Fleisch. **Hühnerfleisch** eignet sich gut für Diäten. Gans und Ente sind etwas fetter. Herz, Leber und Magen können auch gelegentlich mit verfüttert werden. Geflügelfleisch sollte wegen der Salmonellengefahr nie roh in den Futternapf. Die durch das Kochen entstandene Brühe verwenden Sie zum Einweichen der Futterflocken und erhalten damit wieder eine neue Geschmacksvariante, die zudem noch Fett und Mineralstoffe liefert.

Fisch eignet sich nicht nur zur Vermeidung von Jodmangel. Wenn Sie den kom-

Magerquark ist nicht nur eine gute Schonkost, er enthält neben Eiweiß auch Calcium – und ist preiswert.

pletten Fisch verwenden wollen, entfernen Sie die größeren Gräten und zerkleinern den Rest im Mixer. So hat der Fisch einen höheren Nährstoffgehalt als zum Beispiel Fischfilet. Auch bei Fisch gilt: vorher dünsten.

Fast gleichwertige **Eiweißlieferanten** sind **Magerquark** und Hüttenkäse, hinzu kommt ihre leichte Verdaulichkeit, sodass diese Produkte auch als Fleischersatz bei Schonkost eingesetzt werden können. Es empfiehlt sich, gelegentlich einen Teil der Fleischration durch zum Beispiel Magerquark zu ersetzen, da dieser gegenüber dem Fleisch auch ein natürlicher Calciumlieferant und außerdem preisgünstig ist.

Eine weiterer Eiweißlieferant ist das **Hühnerei**, es kann minderwertige Eiweißqualitäten aufwerten und hat einen relativ hohen Gehalt an Spurenelementen und Vitaminen.

Es gibt einige Variationen, wie Sie Ihrem Hund das Ei ins Futter mischen können. Bei der Rohfütterung wird nur das Eigelb genommen, denn im Eiklar ist ein Protein enthalten, das die Verwertung des Biotins verhindert, und ein Hemmstoff, der die Verdaulichkeit des Eiweißes beeinträchtigt. Um das ganze Ei zu verwenden, können Sie es kochen oder braten. Für den Hund erreichen Sie wieder eine geschmackliche Veränderung, die er sicherlich schätzt. Die Verfütterung der Eierschale, grob zerkleinert, kann eine zusätzliche Calciumbeigabe zum Futter ersetzen.

Damit Sie nicht täglich kleine Mengen kochen müssen, können Sie das Gemüse wie auch das Fleisch und die Brühe gut portionsweise einfrieren und sich so einen Vorrat schaffen. Sie sollten allerdings nicht ausschließlich gefrorenes Futter füttern, weil dessen Energie nicht so hoch ist wie bei frischer Nahrung.

Pflanzliches Eiweiß erreicht nicht ganz die hohe Verdaulichkeit wie tierisches. Getreide ist in der Hauptsache Lieferant von **Kohlenhydraten**, die der Körper zur Energiegewinnung benötigt. Kohlenhydrate sind die zweite Komponente in der Hundeernährung. Um auch bei diesen Lebensmitteln Abwechslung und Ausgewogenheit zu erhalten, können Sie Haferflocken (hoher Eisen- und Kupfergehalt), Gerstenflocken, Mais, Hirse, Reis und Nudeln verwenden. Die Mengenangaben für Getreide, Reis und Nudeln beziehen sich immer auf den Rohzustand. Im Handel erhalten Sie auch Flocken mit und ohne Zusatzstoffe, die speziell für den Hund aufbereitet sind. Die Haferflocken sollten gut eingeweicht sein, um vom Verdauungsapparat des Hundes optimal verwertet werden zu können, denn rohe Haferflocken in größeren Mengen können zu Verstopfung oder sogar zum Darmverschluss führen. Reis, Hirse und auch die

Tipp:

Buttermilch-Kur: Eine dreitägige Buttermilch-Kur kann bei Hautekzemen hilfreich sein, außerdem wird der Körper entgiftet. Die Kur sollte prophylaktisch im Frühjahr und Herbst durchgeführt werden.

(Entnommen aus: „Unser Hund – gesund durch Homöopathie" V. H.-G. Wolff)

FÜTTERN SIE GESUND

Auch wenn der Hund zu den „Fleischfressern" zählt, gehört Gemüse in seinen Napf.

Nudeln, wobei hier Vollkornprodukten der Vorzug zu geben ist, sollten weich gekocht werden, da der kurze Verdauungskanal eine nicht aufgeschlossene Nahrung nicht ausreichend nutzen kann. Die fertigen Futterflocken für Hunde sind schon entsprechend aufbereitet.

Gemüse

Gemüse ist in der Hauptsache ein Mineralstoff- und Vitaminlieferant und fördert mit seinen Ballaststoffen die Verdauung. Außerdem ist Gemüse für ein gutes Säuren-Basen-Verhältnis des Futters sehr wichtig. Viele Hunde sind heute übersäuert, weil ihrer Nahrung das Gemüse fehlt.

Deshalb sollten Sie Ihren Hund auch Gras fressen lassen, er versucht so einer Übersäuerung vorzubeugen oder sie zu verändern. Hunde erbrechen das Gras viel seltener als angenommen, und wenn doch, dient auch das nur der Entgiftung des Körpers. **Möhren** sind ein ideales Gemüse und reich an Karotin (einer Vorstufe zum wichtigen Vitamin A), Mineralstoffen und Spurenelementen. Wenn Sie Möhren roh füttern, dann sollten sie fein gerieben sein. Ansonsten werden sie gekocht und danach zerdrückt oder püriert. Bei Möhrenfütterung muss immer etwas Öl dazugegeben werden, da sonst der Organismus das fettlösliche Vitamin A nicht verwerten kann. Um die vorhandenen Inhaltsstoffe zu schonen, können Sie das Gemüse in einem Schnellkochtopf nicht zu weich garen und dann mit einem Mixstab pürieren.

Das beim Blanchieren Ihres Gemüses anfallende Wasser nicht in den Abfluss gießen, sondern über das Futter. Es enthält noch viele Mineralien, die für Ihren Hund wertvoll sind. **Broccoli** ist ein weiteres wichtiges Gemüse. Er hat unter anderem eine krebsvorbeugende und entgiftende Wirkung. Wenn **Spinat, Erbsen, grüne Bohnen, Blumenkohl, Kohlraben** (auch deren Blätter), **Porree, Rosenkohl** und **Tomaten** abwechselnd auf Ihrem Futterplan stehen, haben Sie eine ausreichende Vielfalt an den vom Hund benötigten Vitaminen und Mineralstoffen. Nehmen Sie möglichst Gemüse der Saison, diese sind preiswerter. Eine Ausnahme können Sie bei tiefgefrorenem Spinat und Erbsen machen.

Obst

Bei Obst haben sich vor allem Äpfel und Bananen bewährt. Der **Apfel** ist reich an Mineralstoffen und Vitaminen. Die vorhandenen Pektine wirken sich regulierend auf die im Darm enthaltenen Gifte aus. Äpfel können Sie mit der Schale reiben und dann unter das Futter mischen. Durchfall zum Beispiel kann durchaus mit geriebenem Apfel, eventuell mit etwas Honig und Quark vermischt, gestoppt werden. Die mineralstoffreichen und nahrhaften Bananen mögen die meisten Hunde gerne. Die Frucht etwas zerdrücken und dann unter das Futter mischen. Wenn Ihr Hund gerne Obst mag, geben Sie es ihm. Es gibt sogar Hunde, die Erdbeeren, Brombeeren und Himbeeren selber „ernten",

Süße Früchte sind gesunde Leckerchen – warum so mancher Hund im Garten selber „erntet".

wenn sie die Gelegenheit dazu haben. Birnen, Beerenobst, Kirschen oder Pflaumen (abführende Wirkung) sind gesunde Leckerchen. Achten Sie bei Steinobst unbedingt darauf, dass die Steine und Kerne entfernt sind. Die darin enthaltene Blausäure kann Vergiftungen hervorrufen.

Kräuter

In der natürlichen Ernährung dürfen Kräuter nicht fehlen. Möglichst frisch und fast breiig gehackt werden sie unters Futter gemischt. Nicht nur die vorhandenen Vitamine, Mineralien und Spurenelemente sind von Bedeutung, sondern auch ihre zum Teil heilende Wirkung bei Erkrankungen und Fehlsteuerungen der Verdauungsorgane. Kräuter fördern die Verdauungsvorgänge im Magen und Darm, verhindern Blähungen und regen die Nierentätigkeit an. Ob Petersilie, Schnittlauch, Basilikum, Rosmarin oder Salbei; Sie können alle Küchenkräuter verwenden. Wichtig ist die wechselnde Mischung, um eine Gewöhnung des Körpers an die Inhaltsstoffe zu verhindern. Damit Ihr Hund an den Geschmack und Geruch der Kräuter gewöhnt wird, beginnen Sie erst mit einer kleinen Menge (nur eine Prise) und erhöhen dann bis zur gewünschten Menge. Im Frühjahr beginnt die Saison für frische Kräuter und Pflanzen. Wenn Sie keine frischen Kräuter haben, so können Sie auch getrocknete aus der Apotheke oder tiefgefrorene nehmen.

Diese Kräuter sollten in der Futterküche nicht fehlen: Kümmel, Fenchel, Anis, Brennnessel, Kerbel, Kresse, Dill, Knoblauch, Petersilie, Basilikum und Salbei (von links).

Brennnesseln enthalten Mineralstoffe und verschiedene Vitamine und wirken wachstumsfördernd. Vor allem im Frühjahr ist ihre Blut reinigende Wirkung von Bedeutung. Sie regen die Nierentätigkeit an und somit die rasche Ausscheidung der Giftstoffe aus dem Stoffwechsel. Sie können frische Brennnesseln unters Futter mischen, täglich ein frischer Trieb bei kleinen Hunden und vier bis fünf bei großen Hunden. Sie werden kurz überbrüht und können dann komplett verfüttert werden.

Im Winter nehmen Sie getrocknete, zerriebene Blätter und mischen sie einfach unter das Futter; ein gestrichener Teelöffel für kleine und zwei bis drei Teelöffel für große Hunde.

Basilikum ist ein wunderbar duftendes Gewürz mit aufbauender und anregender Wirkung, es wirkt krampflösend und beruhigend. Zur Förderung der Milchsekretion kann Basilikum ebenfalls eingesetzt werden. Klein geschnitten ins Futter gemischt, wird es von den meisten Hunden gerne genommen.

Zur Unterstützung beim Haarwechsel können Sie eine Kräutermischung, bestehend aus Ackerschachtelhalm, Brennnessel, Birkenblättern und Löwenzahn geben oder die im Handel angebotenen Kräutermischungen (siehe Anhang).

Kerbel ist ein guter Vitaminspender mit antiseptischer und appetitanregender Wirkung. Frische Kerbelblätter unters Futter gegeben fördern die Harnausscheidung und die Gallenaktivität. Außerdem wirkt Kerbel blutreinigend und hemmt die Milchsekretion.

Knoblauch sollte in keiner Futterküche fehlen. Das „wohlriechende" schwefelhaltige ätherische Öl Allicin ist Hauptwirkstoff des Knoblauches, es wirkt antibakteriell und verdauungsfördernd. Durchblutung und Blutdruck werden positiv beeinflusst. Nicht jeder Hund verträgt Knoblauch gut, Magenprobleme können sich einstellen. Probieren Sie es aus und beobachten Sie den Hund. Je nach Größe des Hundes eine halbe bis eine Zehe täglich oder auch nur einmal pro Woche. Die Zehe wird klein gehackt oder zerdrückt dem Futter beigemischt.

Löwenzahn enthält unter anderem Bitterstoffe, Kalium und viel Vitamin C. Die frischen Blätter von nicht blühenden Pflanzen werden klein geschnitten ins Futter gemischt. Löwenzahn hat eine die Leber stärkende Wirkung, regt die Gallenproduktion und die Nierentätigkeit an. Er wirkt regenerierend und entwässernd.

Petersilie ist ein sehr gesundes Küchenkraut, eisenhaltig und vitaminreich. Es regt die Nierentätigkeit und damit die Harnausscheidung an. Überdosierungen sollen vermieden werden, es kann zu Nierenreizungen kommen.

Bei tragenden Hündinnen ist besondere Vorsicht geboten, da Petersilie Gebärmutterkontraktionen und damit Fehlgeburten auslösen kann. In kleinen Mengen gehackt ins Futter mischen.

Der Petersiliensamen ist in hoher Konzentration für Tiere giftig.

Dill kann gehackt dem Futter beigemischt werden. Sein Duftöl wirkt erwärmend, entspannend und hat milchtreibende Wirkung.

FÜTTERN SIE GESUND

Anis, Fenchel, Salbei, Brennnessel oder Himbeere können auch ganz gezielt als Medizin eingesetzt werden.

Brunnenkresse wirkt anregend auf die Drüsenorgane. Sie ist ein gutes Blutreinigungsmittel und fördert die Harnausscheidung. Brunnenkresse kann zur Fiebersenkung eingesetzt werden.

Es werden nur frische Pflanzen verwendet, die klein gehackt ins Futter kommen. Pro Tag sollten es höchstens zehn bis 15 Gramm sein, da ein Übermaß zu leichter Reizung führen kann.

Anis mit seinen angenehm duftenden ätherischen Ölen ist besonders gegen Blähungen wirksam und krampflösend. Zudem regt er die Milchsekretion an, kann schon kurz vor dem Werfen und auch danach als Pulver dem Futter beigemischt werden. Tee aus Anissamen (eventuell mit etwas Honig) ist bei Bronchitis und Husten wirksam.

Fenchel hat eine ähnliche Wirkung wie Anis.

Er ist krampflösend, verdauungsfördernd und auch bei Erkältungskrankheiten hilfreich. Bei Lidrand- und Bindehautentzündungen kann eine Spülung mit Fencheltee Heilung bringen.

Kümmel kann zu einer Mischung mit Anis und Fenchel zusammen gestellt werden und ist sehr zu empfehlen.

Kümmel wirkt ähnlich wie Anis und Fenchel verdauungsfördernd und blähungstreibend, hat aber auch eine stärkere Wirkung. Es reicht aus, wenn dem Futter eine Prise zugeführt wird.

Brombeerblätter haben eine stärkende Wirkung. Außerdem wirken sie blutreinigend und harntreibend.

Himbeerblätter sind das wichtigste Kraut für tragende Hündinnen, sie kräftigen und reinigen die Gebärmutter und erleichtern die Geburt.

Außerdem wirken Himbeerblätter appetitanregend, blutreinigend und erfrischend.

Salbeiblätter eignen sich bei Entzündungen, zum Beispiel für Spülungen bei Zahnfleischentzündungen und Halsschmerzen.

Salbeiblättertee hemmt den Milchfluss, kann zum Abstillen und bei scheinträchtigen Hündinnen eingesetzt werden.

KRÄUTERTEE

Kräutertees sind in ihrer Wirkung den oben aufgeführten Kräutern gleich, werden aber von Hunden, die Kräuter im Futter ablehnen, besser angenommen. Der zubereitete Tee kann komplett mit den Kräutern über das Futter gegeben werden oder Sie seihen ihn ab und geben ihn dem Hund lauwarm zu trinken. Sollte der Tee eingegeben werden, nehmen Sie einen Löffel oder eine große Einwegspritze (bitte ohne Nadel!!) und geben den Tee seitlich ins Maul. Für Tees sind folgende Kräuter geeignet: Anissamen, Brennnesselblätter, Brombeerblätter (der zubereitete Tee soll-

Tees zehn Minuten ziehen lassen und immer nur lauwarm servieren

te möglichst durch ein Sieb gefiltert werden um kleine Stacheln zu entfernen), Fenchelsamen, Himbeerblätter und Salbeiblätter. Den Tee bereiten Sie folgendermaßen zu: Ein Teelöffel mit einer Tasse kochendem Wasser übergießen, abgedeckt zehn Minuten ziehen lassen und dann abseihen oder komplett verwenden. Da Salbei in zu großen Mengen Vergiftungserscheinungen hervorrufen kann, wird pro Tasse nur ein halber Teelöffel der gehackten oder zerriebenen Blätter verwendet. Teemischungen aus der Apotheke ist wegen der besseren Qualität gegenüber anderen Angeboten der Vorzug zu geben.

Pflanzenöl

Um den notwendigen Anteil an mehrfach ungesättigten essenziellen Fettsäuren in der Futtermischung zu erreichen, benötigen Sie Pflanzenöle. Hier sind vor allem Sonnenblumen-, Distel- und Weizenkeimöl, die unter anderem einen hohen Anteil an Vitamin E haben, aber auch Olivenöl zu nennen. Achten Sie bitte darauf, dass die Öle kalt gepresst wurden, weil durch diese Erzeugung die Inhaltsstoffe geschont werden.

Fütterung im Winter: Durch die Kälte entsteht bei Hunden, die viel draußen leben, ein höherer Fett- und Proteinbedarf.

Pflanzenöle sind reicht an mehrfach ungesättigten essenziellen Fettsäuren. Nüsse, Hefe, Blütenpollen, Kokos, Honig oder Apfelessig enthalten wertvolle Vitamine und Mineralstoffe.

Beifuttermittel

Beifuttermittel, die Sie größtenteils in Ihrer Küche haben und ohne Mehraufwand nutzen können:

Honig: Im Honig ist das gesamte Aminosäurenspektrum enthalten, wichtige Mineralstoffe, unter anderem Eisen, Kupfer, Mangan, Magnesium und verschiede B-Vitamine. Außerdem hat er eine keim- und bakterientötende Wirkung. Wenn Sie ihn nicht zu reichlich füttern (hoher Kalorienwert), hat der Honig viele Vorteile, zum Beispiel auch bei verschiedenen Diäten. Guter Honig ist „kalt geschleudert" und wird auch höchstens lauwarm gefüttert.

Blütenpollen: Mit Blütenpollen haben Sie noch einen Vitaminspender, der zudem Mineralstoffe und einen hohen Gehalt an essenziellen Fettsäuren aufweist. Wenn Sie die Pollen nur teelöffelweise einsetzen und das als Kur, ist ihre Verwendung nicht teuer.

Kokosflocken: Mineralstoffreich, nährend und für magere Hunde gut geeignet.

Hefe (frisch oder getrocknet), **Bierhefe**, **Nährhefe** (Flocken aus Melasse hergestellt): Diese drei Hefesorten können Sie dem Futter beimischen. Der hohe Anteil an B-Vitaminen wirkt sich günstig auf die Fellbeschaffenheit aus.

Apfelessig: Wenn auch etwas ungewöhnlich in der Hundefütterung, sollte der Apfelessig (aus dem Reformhaus) nicht fehlen, enthält er doch alle guten Eigenschaften des Apfels. Er wirkt einer Übersäuerung des Körpers entgegen. Hunde mit einer Schwäche der Leber sollten ihn allerdings auf gar keinen Fall bekommen.

Nüsse: Zur Abwechslung können Sie ab und zu gemahlene Nüsse füttern. Sie enthalten viel Fett und Vitamine. Sie sind sehr nahrhaft und werden von den Hunden auch gern gefressen.

Seealgen: Die Nahrungspflanze aus dem Meer ist ein wichtiger Jodlieferant und enthält auch lebenswichtige Mineralstoffe, Spurenelemente und Vitamine. Da Algen pigmentverstärkend wirken, ist bei weißen Hunden Vorsicht geboten, da sich deren Fell gelblich oder rötlich verfärben kann. Seealgenmehl sollten Sie nur in geringen Mengen (bis maximal ein Esslöffel täglich bei großen Hunden) und als Kur zwei bis drei Wochen hintereinander verfüttern. In 100 Gramm Seealgenmehl sind 50 bis 150 Milligramm Jod enthalten.

Grundsätzlich sollen alle Zusätze nicht mit heißem Wasser oder Brühe übergossen werden, damit ihre Inhaltsstoffe erhalten bleiben. Sie sollten immer erst das gekochte Futter lauwarm abkühlen lassen, dann erst das rohe Gemüse, die Kräuter, Öle und Zusatzstoffe untermischen.

DAS BRAUCHT IHR HUND

Mineralstoffe, Spurenelemente und Vitamine

In diesem Kapitel erfahren Sie etwas über Mineralstoffe, Spurenelemente und Vitamine, deren Aufgaben im Stoffwechsel und bei der Gesunderhaltung des Hundes eine Rolle spielen, und darüber, in welchen Futtermitteln sie enthalten sind.

Wenn Sie das wissen, können Sie leicht die richtigen Futtermittel zusammenstellen und auch nachvollziehen, dass sie in unseren Rezepten ausreichend vorhanden sind. Sie müssen aber immer zusätzlich Calcium geben, da es nicht in ausreichender Menge im Futter vorhanden ist.

Alle für den Hund lebenswichtigen Aminosäuren, Vitamine, Mineral- und Nährstoffe sind in der täglichen, natürlichen Nahrung enthalten. Da die Zusammensetzung unterschiedlich hoch ist, ist das Variieren sehr wichtig. Die meisten Lebensmittel haben Sie in Ihrer Küche, und sie können deshalb ohne Mehraufwand genutzt werden.

Calcium (Ca), Phosphor (P)

Calcium und Phosphor sind hauptsächlich für die Bildung und Stabilität der Knochen verantwortlich. Über- oder Unterversorgung kann sich ungünstig auf die Skelettentwicklung und die Gesundheit auswirken. Calcium ist unter anderem für die Blutgerinnung und die Erregungsleitungen der Nerven von Bedeutung. Außerdem begünstigt ein zu geringer Calciumgehalt des Futters auch Allergien.

Phosphor ist an zahlreichen Vorgängen im intermediären Stoffwechsel beteiligt, an dem Transport von Fetten und an der Zellvermehrung. Bei ungenügender Versorgung des Organismus mit Calcium oder Phosphor greift der Körper auf Reserven zurück und nutzt vorübergehend Einlagerungen aus den Knochen. Sind diese Reserven aber erschöpft, entstehen bei andauernder Unterversorgung gesundheitliche Probleme wie zum Beispiel Verbiegungen des Skeletts, Knochenbrüche, Osteoporose, Arthrosen, Lahmheit, Kiefer- und Zahnprobleme. Ein Überschuss an Calcium und Phosphor im Futter kann ebenfalls zu Fehlentwicklungen und Schädigungen des Skeletts und zu gesundheitlichen Problemen führen. Ist Calcium im Übermaß vorhanden, vermindert es die Verwertung von Phosphor, Magnesium, Zink und Kupfer. So kann es auch da zu Mangelerscheinungen kommen. Ein Überschuss an Phosphor beeinträchtigt die Verwertung von Calcium, eventuell auch die von Magnesium oder Eisen. Zudem muss ein Überschuss an Phosphor in der Nahrung über die Nieren wieder ausgeschieden werden. Das erhöht das Risiko der Harnsteinbildung. Fleisch, Innereien, Getreide und Gemüse enthalten wenig Calcium. Dagegen sind Eierschalen und Knochen (auch Knochenmehl) eine Calciumbombe, so enthalten 100 Gramm Eierschalen 37000 Milligramm Calcium. Der Tagesbedarf eines erwachsenen Hundes beträgt pro Kilogramm Körpergewicht circa 100 Milligramm Calcium und nur 75 Milligramm Phosphor. Im Gegen-

Auch bei einer ausgewogenen Ernährung enthält das Futter zu wenig Calcium – das muss zugefüttert werden.

satz zu Calcium ist Phosphor in Fleisch, Innereien und Getreideprodukten in hohem Maße vorhanden, sodass ein ausgewogenes Calcium/Phosphor-Verhältnis von 1,2 zu 1,0 nicht erreicht wird. Zufütterung von Calcium ist also unbedingt erforderlich.

> **RECHENBEISPIEL FÜR EIERSCHALEN ALS CALCIUMLIEFERANT:**
> Ca-Bedarf (Körpergewicht des Hundes in Kilogramm mal 100)
> geteilt durch
> 370 (Ca in Eierschalen/Gramm)
> = Gramm Eierschalen

Ein zehn Kilogramm schwerer, ausgewachsener Hund benötigt 2,7 Gramm Eierschalen, ein 30 Kilogramm schwerer, ausgewachsener Hund 8,1 Gramm und ein 60 Kilogramm schwerer Hund 16,2 Gramm. Alle anderen Mineralstoffe und Vitamine sind in natürlicher Form in unseren Rezepten enthalten.

MAGNESIUM (MG)

Magnesium ist unentbehrlich für den Kohlenhydrat-, Fett- und Eiweißstoffwechsel. Die Verteilung erfolgt im Körper zu gleichen Teilen auf Weichgewebe und Skelett. Eine Überversorgung kann die Verwertung von Calcium und Phosphor beeinträchtigen und gegebenenfalls zu Harnsteinen führen. Unterversorgung kommt selten vor und führt dann zu Krämpfen und Verkalkung der Herzklappen und Gefäße. Ausreichend für den erwachsenen Hund sind pro Kilogramm Körpergewicht zwölf Milligramm täglich. Vorhanden ist Magnesium in größeren Mengen in Knochen, Fleisch, getrockneter Hefe, Erbsen, Sojabohnen, Leinsamen, Nüssen, Weizenkleie und Haferflocken. So sind zum Beispiel in 100 Gramm Haferflocken 170 Milligramm Magnesium enthalten.

KALIUM (K)

Kalium befindet sich zu 90 Prozent in den Zellen und ist für die Regulierung des osmotischen Drucks (Funktionstüchtigkeit der Zelle) unentbehrlich. Es sorgt für die Aktivitäten zahlreicher Enzyme und es ist sehr wichtig für das Säuren-Basen-Gleichgewicht. Gespeichert wird Kalium nur in begrenzter Menge in der Leber und der Muskulatur. Der Überschuss wird über die Nieren ausgeschieden. Beim Einsatz von Medikamenten, die zur Entwässerung des Körpers führen, kann eine Unterversorgung mit Kalium entstehen. Einseitige Fütterung von Weißmehl, Fett und viel Zucker ist problematisch, weil sie unter anderem zu einem Kaliummangel führt.

Die Folgen eines Mangels an Kalium sind Durchblutungsstörungen, Übersäuerung, Blutdruckabfall und allgemeine Schwäche. Der tägliche Bedarf beträgt 50 Milligramm pro Kilogramm Körpergewicht. Bierhefe, Weizenkleie, Kartoffeln und Bananen weisen einen hohen Gehalt an Kalium auf, Gemüse in geringeren Mengen.

Natrium (Na)

Natrium ist vorwiegend im Blut, trotzdem befinden sich fast 50 Prozent des Körperbestandes an Natrium im Skelett. Unentbehrlich ist Natrium für die Regulierung des Flüssigkeitshaushaltes des Organismus, außerdem für die Erhaltung des Säuren-Basen-Gleichgewichtes und für die Funktion der Nerven. Bei Erbrechen und Durchfällen kann ein erheblicher Natrium-Verlust entstehen. Extreme Unterversorgung trocknet den Körper aus, verringert das Blutvolumen, führt zur Unruhe, Lecksucht, Gewichtsabnahme und Kreislaufstörungen. Aus dem unvermeidbaren täglichen Verbrauch über Darm, Nieren und Haut ergibt sich ein Bedarf von 50 Milligramm pro Kilogramm Körpergewicht, eventuell sind geringe Zugaben von jodiertem Kochsalz oder noch besser von Meersalz im Futter nötig, da Fleisch und einige pflanzliche Futtermittel wenig Natrium enthalten.

Nahrungsmittel, die viel Natrium enthalten, sind Wurst, Käse, Knochen, Fleischbrühe und logischerweise alle gesalzenen Nahrungsmittel.

Bei langhaarigen Hunden kann es im Haarwechsel zu einem Eisenmangel kommen, der das Immunsystem schwächt.

Eisen (Fe)

Eisen ist für die Bildung von roten Blutkörperchen von entscheidender Bedeutung, zwei Drittel liegen im roten Blutfarbstoff. Eisen wird für den Sauerstofftransport von der Lunge zu den verschiedenen Körpergeweben benötigt.

Eisen aus pflanzlichen und tierischen Futtermitteln kann vom Organismus gleich gut genutzt werden. Der tägliche Bedarf liegt etwa bei 1,4 Milligramm pro Kilogramm Körpergewicht und wird durch die üblichen Futtermittel, besonders durch das Fleisch, erreicht, wobei die Rinderleber mit 22 Milligramm pro 100 Gramm einen hohen Wert aufweist. Bierhefe und Haferflocken haben auch einen höheren Eisengehalt.

Mangelzustände können bei Blutverlust und durch Parasitenbefall und bei langhaarigen Hunden im Haarwechsel entstehen (hoher Eisengehalt in pigmentierten Haaren). Bei Eisenmangel kommt es zur Anämie und einer Schwächung des Immunsystems.

Kupfer (Cu)

Kupfer hat wichtige Funktionen bei der Blut- und Pigmentbildung und der Bildung von Bindegewebe. Ohne Kupfer könnte Eisen nicht zu den Blutbildungszentren transportiert werden.

Erhöhter Bedarf kann während des Haarwechsels bei langhaarigen Hunden entstehen, ebenso bei überhöhtem Gehalt an Eisen, Calcium oder Zink im Futter oder durch Verdauungsstörungen. Unterversorgung führt zu Veränderungen an Haut, Haaren, Knochen, Bändern, Sehnen und im Blut. Überwiegend wird Kupfer mit der Galle in den Darm ausgeschieden. Ein Überangebot an Kupfer wird in der Leber gespeichert.

Kupfer ist in allen üblichen Futtermitteln enthalten, wobei Rinderleber und Bierhefe hohe Werte erreichen. Der Tagesbedarf für den erwachsenen Hund beträgt pro Kilogramm Körpergewicht 0,1 Milligramm.

Zink (Zn)

Zink ist Bestandteil zahlreicher Enzymsysteme und damit für den Kohlenhydrat- und Eiweißstoffwechsel und für die Entwicklung der Hautzellen wichtig. Zink kommt in erheblicher Konzentration im Körper vor, vor allem im Skelett.

Ebenfalls ist es in der Haut und den Haaren, den Augen und der Bauchspeicheldrüse vorhanden. Langhaarige Hunde können im Haarwechsel einen erhöhten Bedarf an Zink haben. Zu hohe Mengen an Calcium und Kupfer beeinträchtigen die Zinkverwertung.

Der Tagesbedarf eines erwachsenen Hundes ist pro Kilogramm Körpergewicht 0,9 Milligramm. In Ei, Knochen, Fleisch, Leinsamen, getrockneter Hefe und Leber sind hohe Anteile von Zink zu finden. In Obst und Gemüse ist kaum Zink vorhanden.

Bei einem gesunden Hund kann der Bedarf über das Futter gedeckt werden.

Frisch zubereitetes Futter, nur knapp gar gekocht, und etwas Rohes dabei, enthält die meisten Vitamine.

Mangan (Mn)

Mangan ist im Körper mit extrem niedrigem Gehalt vorhanden. Von Bedeutung ist es unter anderem für die Funktion zahlreicher Enzyme.

In nahezu allen Futtermitteln ist Mangan ausreichend vorhanden.

Kobalt (Co)

Essenziell wichtig ist Kobalt für die Synthese von Vitamin B12. Wenn genügend Vitamin B12 in den Nahrungsmitteln enthalten ist, wird damit auch der Bedarf an Kobalt gedeckt.

Jod (J)

Jod hat lebenswichtige Funktionen im tierischen Organismus und ist wichtig für die Schilddrüse. Jodunterversorgung führt zur Vergrößerung der Schilddrüse (zum so genannten Kropf) und zur Schilddrüsenunterfunktion. Die Folgen sind allgemeiner Leistungsabfall, Wachstumsstörungen und Hormonstörungen. Eine Überversorgung ist allerdings auch zu vermeiden.

Der erwünschte Jodgehalt wird in vielen Futtermitteln nicht erreicht, besonders wenn einseitig Fleisch und Schlachtabfälle mit gereinigtem Getreide verfüttert werden. Langes Kochen der Futtermittel führt zu Jodverlust.

Fisch, Algenmehl, jodiertes Salz, Meersalz oder entsprechendes Mineralfutter beugen einem Mangel vor.

Selen (Se)

Selen ist für den Zellstoffwechsel im Zusammenwirken mit Vitamin E bei der Bekämpfung von freien Radikalen wichtig. Wie lebensnotwendig es ist, wurde erst in den letzten Jahren nachgewiesen. Eine Überdosierung kann zu Vergiftungserscheinungen führen. Diese Gefahr besteht aber nur bei der Verwendung von synthetisch hergestelltem Selen. Selen befindet sich sowohl in Pflanzen als auch im Fleisch.

Vitamine

Vitamine sind organische Nährstoffe, die in kleinen Mengen lebensnotwendig sind. Allerdings kann der Hund sie nicht alle in ausreichendem Maße selber herstellen; sie müssen daher mit der Nahrung zugeführt werden. Unterschieden wird in fettlösliche und wasserlösliche Vitamine.

Fettlösliche, das sind die Vitamine A, D, E und K, die nur in Verbindung mit Fett vom Organismus verwertet werden. In bestimmtem Umfang werden sie in Leber, Niere und zum Teil auch im Depotfett gespeichert. Eine über dem Bedarf liegend Vitaminzufuhr kann besonders bei Vitamin A zu Vergiftungserscheinungen führen.

Eine Erkrankung der Bauchspeicheldrüse führt zu Störungen der Vitaminverwertung und zu Vitaminmangel. Ranziges Öl kann die Vitamine ebenfalls zerstören, daher unbedingt auf korrekte Lagerung und Zubereitung des Futters achten.

Wasserlösliche Vitamine wirken vorwiegen im intermediären Stoffwechsel, also innerhalb der Gesamtheit der chemischen und biologischen Vorgänge. Sie werden nur im geringen Umfang im Organismus gespeichert (nicht Vitamin B12), sodass sie kontinuierlich zugeführt werden müssen. Eine Überversorgung entsteht kaum, da ein Zuviel ausgeschieden wird.

Durch zu langes Wässern, Kochen und durch Sauerstoff der Luft gehen wasserlösliche Vitamine leicht verloren. Aus diesem Grund sollten Sie möglichst immer auch etwas Rohes verfüttern oder nur knapp gar kochen (Schnellkochtopf) und zerkleinern. Um eine Zerstörung durch Luftsauerstoff zu vermeiden, sollte das Futter möglichst immer frisch zubereitet werden. Eine Unterversorgung mit Vitaminen kann zum Beispiel bei Durchfällen oder Störungen der Darmflora entstehen, da die Vitamine erst im Darm aufgenommen werden.

Fettlösliche Vitamine

Vitamin A (Retinol)

Vitamin A ist für die äußere Haut, die Schleimhäute und für die Leistungsfähigkeit des Auges von Bedeutung. Bei einem Mangel trocknen die Schleimhäute aus und verhornen. Infektionen, Haar- und Hautveränderungen, eventuell auch Seh- und Hörstörungen können die Folgen einer Unterversorgung sein. Überhöhte

Während er den alten Knochen begutachtet, produziert sein Körper dank Sonnenlicht gerade Vitamin D.

Vitamin-A-Gaben können ebenfalls zu Gesundheitsstörungen führen, zum Beispiel zu Gewichtszunahme, Übererregbarkeit, Abbau von Knochensubstanz und Vergiftungserscheinungen. Ein Zuviel an Vitamin A muss unbedingt vermieden werden. Deshalb sollten Sie einen unkontrollierten Einsatz von Vitaminpräparaten vermeiden. Das in Möhren, Tomaten und grünen Pflanzen enthaltene Karotin kann vom Organismus in Vitamin A umgewandelt werden. Vitamin A kommt nur im Futtermittel tierischer Herkunft vor.

Besonders hohe Werte erreicht pro 100 Gramm die rohe Rinderleber mit 40000 IE, Eigelb mit 3700 IE, gekochtes Ei mit 1200 IE und Quark mit 300 IE. Der Tagesbedarf liegt bei 75 bis 100 IE (Internationale Einheit) pro Kilogramm Körpergewicht bei dem erwachsenen Hund.

Vitamin D

Vitamin D ist im Zusammenhang mit Calcium sehr entscheidend. So fördert es die Absorption von Calcium im Darm sowie den Ein- und Ausbau von Calcium im Skelett. Bei Junghunden führt ein Mangel, aber auch ein Zuviel zu Störungen im Knochenwachstum, für den erwachsenen Hund ist es weniger wichtig.

Eine Überversorgung durch Lebertran oder Vitaminpräparate ist leicht möglich und kann auch zu einer Verkalkung von Nieren und Gefäßen führen. Der tägliche Bedarf an Vitamin D ist pro Kilogramm Körpergewicht 10 IE. Vitamin-D-Lieferanten sind Leber mit 35 bis 60 IE (je nach Herkunft), Milch und Fisch. Der tierische Körper kann aber durch Sonnenlicht auch Vitamin D selber herstellen. Deshalb ist es so wichtig, dass sich auch besonders Welpen unter freiem Himmel aufhalten können.

Vitamin E

Vitamin E ist an der Zellatmung sowie an Entgiftungsprozessen und der Infektionsabwehr beteiligt. Ein Vitamin-E-Mangel führt zu Wachstums- und Bewegungsstörungen durch Veränderung der Skelett- und Herzmuskulatur. Beste Lieferanten von Vitamin E sind Getreide (zum Beispiel Haferflocken, Mais), Getreidekeimlinge, die man roh und püriert verfüttern sollte, Eigelb, Nüsse und Öle. Der Tagesbedarf liegt für den erwachsenen Hund bei 1 IE pro Kilogramm Körpergewicht. Der Bedarf an Vitamin E ist auch vom Fettgehalt des Futters abhängig, da Vitamin E die freien Radikale fängt, die durch ungesättigte Fettsäuren und besonders auch durch ranziges Fett entstehen.

Vitamin K

Vitamin K ist für die Blutgerinnung notwendig, ein Mangel verzögert die Gerinnung und in schweren Fällen treten Gewebeblutungen auf. Leber, Kartoffeln mit Schale und Grünpflanzen sind reich an Vitamin K.

Wasserlösliche Vitamine

Vitamin B1 (Thiamin)

Vitamin B1 spielt eine zentrale Rolle im Kohlenhydrat- und Energiestoffwechsel. Der Bedarf hängt von der Zusammensetzung des Futters sowie von der Stoffwechselaktivität ab.

Vitamin B1 ist besonders reichhaltig in Eidotter (0,29 Milligramm pro 100 Gramm), Getreide, zum Beispiel Haferflocken (0,40 Milligramm), Erbsen (0,70 Milligramm), Bierhefe (8,2 Milligramm), Herz und Leber (zwischen 0,23 und 0,58 Milligramm).

Ein Mangel kann bei einseitiger Fütterung von Vitamin B1-armen Futtermitteln entstehen, meistens ist aber falsche Behandlung bei der Zubereitung schuld.

Beim Wässern oder Kochen der Nahrungsmittel und dem Entfernen des Kochwassers gehen größere Mengen des Vitamins verloren.

Ungekochter Süßwasserfisch und Heringe enthalten Vitamin B1 inaktivierende Substanzen, die zu Mangelzuständen führen können, wenn sie häufig gefüttert werden.

Ein zu geringes Angebot an Vitamin B1 kann zu nervösen Störungen, Krämpfen, Muskelschwäche und Kreislaufstörungen führen.

Im fortgeschrittenen Stadium kommt es zu Gehirnerweichung. Der tägliche Bedarf für den erwachsenen Hund liegt bei 0,02 Milligramm pro Kilogramm Körpergewicht.

Vitamin B2 (Riboflavin)

Vitamin B2 ist Bestandteil von Enzymen im Stoffwechsel der Zellen. Ausreichend vorhanden ist es in den üblichen Futtermitteln. Hefe ist mit 4,0 Milligramm pro Kilogramm und frische Rinderleber mit 3,2 Milligramm ein besonders guter Vitamin B2-Lieferant. Verluste entstehen häufig durch Entwässern, weniger durch Erhitzen. Mangelzustände sind unter praktischen Verhältnissen nicht zu erwarten. Fehlt das Vitamin B2, kommt es zu Wachstumsstörungen, Muskelschwäche und Dermatitis. Der Tagesbedarf beträgt pro Kilogramm Körpergewicht 0,05 Milligramm.

Vitamin B6

Das Vitamin B6 ist für den Stoffwechsel der Aminosäuren der Eiweiße unentbehrlich. In den meisten Futtermitteln ist Vitamin B6 ausreichend vorhanden und Mangelerscheinungen sind nicht zu erwarten.

Soll ein Hund bei rein vegetarischer Ernährung fit bleiben, muss unbedingt Vitamin B 12 zugefüttert werden.

Aber eiweißreiche Rationen und ein Mangel an essenziellen Fettsäuren erhöhen den Vitamin B6-Bedarf.

Der tägliche Bedarf ist mit 0,02 Milligramm pro Kilogramm Körpergewicht abgedeckt. Wichtige Vitamin B6-Quellen sind Getreide, Haferflocken zum Beispiel enthalten pro 100 Gramm 0,75 Milligramm, Eigelb 0,30 Milligramm und Bierhefe 3,9 Milligramm.

Vitamin B12 (Kobalamin)

Vitamin B12 kommt in nahezu allen Körperzellen vor. Ein Mangel macht sich zum Beispiel in Knochenmarkszellen im Zusammenhang mit der Blutbildung bemerkbar sowie in erhöhtem Fettgehalt in der Leber.

Das Vitamin B12 kommt nur in tierischen Futtermitteln vor, eine Ergänzung ist immer bei rein vegetarischer Ernährung nötig, da es sonst zu einer Anämie (Blutarmut) kommt. Vor allem frische Rinderleber hat einen hohen Anteil Vitamin B12, in 100 Gramm sind 100 Mikrogramm enthalten; ein gekochtes Ei enthält 3,0 Mikrogramm. Der Tagesbedarf mit 0,5 Mikrogramm pro Kilogramm Körpergewicht wird mit den meisten tierischen Futtermitteln erreicht.

Pantothensäure

Pantothensäure ist für den intermediären Stoffwechsel von zentraler Bedeutung. Der tägliche Bedarf von 0,2 Milligramm pro Kilogramm Körpergewicht wird in den meisten Futtermitteln erreicht oder überschritten, sodass ein Mangel nicht zu erwarten ist.

Nikotinsäure

Mangelerscheinungen können bei einseitiger getreidereicher Fütterung (besonders Mais) entstehen. Störungen im Zellstoffwechsel sind die Folge. Anzeichen hierfür sind unter anderem dunkle Verfärbung der Zunge, entzündliche Veränderungen der Schleimhäute von Rachen, Zunge und Darm.

Der Tagesbedarf für den erwachsenen Hund liegt bei 0,2 Milligramm pro Kilogramm Körpergewicht. Fleisch, insbesondere frische Leber, zum Beispiel vom Rind, weist mit 13 Milligramm pro 100 Gramm einen hohen Gehalt auf, oder getrocknete Hefe mit 36,0 Milligramm pro 100 Gramm, aber auch in Fisch, Weizenmehl und Früchten ist Nikotinsäure vorhanden. Hinzu kommt, dass Nikotinsäure aus tierischer Herkunft und Hefe voll verwertet wird, was bei Getreideprodukten nicht der Fall ist.

Biotin

Das Vitamin Biotin, auch Vitamin H genannt, ist für den Kohlenhydrat-, Fett- und Eiweißstoffwechsel von weit reichender Bedeutung. Zur Synthese von Keratin, bedeutend für Haare, Krallen und Haut, wird Biotin benötigt. In den meisten Futtermitteln wird die erforderliche Menge von 2 Mikrogramm pro Kilogramm Körpergewicht täglich erreicht. Ein hochwertiger Biotin-Lieferant ist unter anderem frische Rinderleber mit 96 Mikrogramm pro 100 Gramm, Eigelb mit 60 Mikrogramm und getrocknete Hefe mit 200 Mikrogramm, aber auch Hafer, Reiskleie, Gemüse und Molke haben hohe Werte.

Zusätzliche Vitamin C-Gaben können für Welpen in der Hauptwachstumsphase gut sein.

Ein echter Biotinmangel ist bei Störungen der Darmflora durch Antibiotika und Sulfonamiden über einen längeren Zeitraum möglich. Im rohen Eiklar ist ein Stoff enthalten, der die Verwertung von Biotin verhindert.

Mangel äußert sich unter anderem in schlechter Haarqualität, Schuppenbildung, Dermatitis mit Verschorfung und Juckreiz. Bei Anämie ist der Bedarf an Biotin erhöht.

Folsäure

Folsäure ist im intermediären Stoffwechsel und zur Erhaltung der Schleimhäute des Verdauungskanals unentbehrlich und kommt in Futtermitteln meistens in gebundener Form vor. Durch die Enzyme der Dünndarmschleimhaut wird sie freigesetzt.

Reich an Folsäure sind Grünpflanzen, Hefe und Leber. Bei einem Mangel an Folsäure kommt es zu einem Mangel an roten und weißen Blutkörperchen.

Ein Mangel kann auch durch schwere Magen- und Darmerkrankungen und bei Lebererkrankungen entstehen.

Das erklärt auch, warum es bei Lebererkrankungen so wichtig ist, grüne Gemüse wie Broccoli oder Löwenzahn zu füttern.

Vitamin C (Ascorbinsäure)

Vitamin C ist im Bindegewebshaushalt unentbehrlich. Mangelerscheinungen äußern sich unter anderem als Blutungen und Schwellungen des Zahnfleisches, Störungen am Skelett. Der Organismus des Hundes ist, im Gegensatz zum Menschen und den Meerschweinchen, in der Lage Ascorbinsäure, vor allem in der Leber, aus Kohlenhydraten selber herzustellen. Im Allgemeinen ist eine Zufütterung nicht notwendig.

Bei Welpen in der Hauptwachstumsphase, in der ein stark erhöhter Bedarf für die Kollagenbildung des Skeletts vorliegt, oder nach Operationen und Brandverletzungen kann eine Vitamin-C-Gabe eventuell sinnvoll sein, weil Vitamin C auch das Immunsystem stärkt. Häufiger Stress erhöht den Vitamin-C-Bedarf. Natürliche Ascorbinsäure ist in Kartoffeln, Rosenkohl, Petersilie, Spinat, eigentlich in allen Gemüsen und Hagebutten, Zitrusfrüchten, in allen Obstsorten und in der Leber enthalten. Eine Überversorgung sollte vermieden werden, bleibt aber meist ohne Folgen.

Im Allgemeinen sind vitaminisierte **Mineralstoffmischungen** nicht nötig, da sie in natürlicher Form in den aufgeführten Lebensmitteln vorkommen. Wenn Sie doch eine Mineralstoffmischung dazu geben möchten, sollten Sie ein Präparat wählen, das mindestens einen Calciumgehalt von 20 Prozent hat.

Aber Vorsicht: Sie dürfen diese Mischungen nie überdosieren, denn das kann sehr schädlich sein, besonders auch für das Knochenwachstum des Hundes.

Was aber **immer** zugeführt werden muss ist **Calcium**. Das liegt daran, dass in fast allen Lebensmitteln der Calciumanteil erheblich geringer als der des Phosphors ist und Hunde einen deutlich höheren Calciumbedarf als Menschen haben. Ein natürlicher Calciumlieferant ist die Eierschale.

Fein oder grob zermahlen unter das Futter gemischt gleicht sie das Calciumdefizit wieder aus. Calciumcitrat ist eine weitere Möglichkeit um das Verhältnis Calcium/Phosphor auszugleichen. Beide Zusätze sind geschmacksneutral und Sie benötigen keine großen Mengen, da sie circa 20 bis 30 Prozent Calcium enthalten.

Es gibt viele Möglichkeiten den Futterrationen alle notwendigen Aminosäuren, Vitamine und Mineralstoffe zu zuführen. Der Nachteil bei Mineralstoffmischungen ist häufig der starke Eigengeschmack, und bei großwüchsigen Rassen benötigen Sie, um den Bedarf zu decken, eine relativ große Menge.

Das kann zur Futtermäkelei führen. Sollten Sie trotzdem lieber eine Mineralstoffmischung verwenden, können Sie Welpisal, Vitakalk oder ein Mineralstoffgranulat geben; dann dürfen Sie aber auf keinen Fall dem Futter noch zusätzlich Eierschalen oder Calciumcitrat beimischen.

Für das Füttern von rohen **Rinder- und Lammknochen** gibt es gute Gründe: natürliches Calcium, Stärkung der Kaumuskulatur des Hundes durch Benagen und Vorbeugung gegen Zahnstein.

Ausgekochte Knochen ergeben eine nahrhafte Brühe, die den Geschmack des Futters verbessert. Die Knochen sollten wirklich nur roh gefüttert werden, da Hunde

Knochen sind Kauspaß und Zahnpflege in einem.

gekochte Knochen nicht gut verdauen können. Achten Sie auf die Größe des Knochens, damit Ihr Hund ihn nicht verschlucken kann, und denken Sie auch an die Gefahr bei Markknochen: Bei zu großer Öffnung kann sich der Knochen über den Kiefer schieben und festklemmen oder die Zunge des Hundes kann in der Markröhre stecken bleiben.

Zu häufig gefüttert können Knochen zu Verdauungsproblemen führen, zum Beispiel zu hartem Kot und Verstopfung.

WELCHEN ENERGIEBEDARF HAT IHR HUND?

Mengenangaben

TABELLE: ENERGIEBEDARF DES HUNDES NACH GEWICHT

Wie viel Futter Ihr Hund benötigt, hängt vom Energiebedarf Ihres Hundes ab und dieser wieder vom Körpergewicht. Wiegen Sie Ihren Hund und suchen Sie seinen Energiebedarf auf der Tabelle.

Kg = Körpergewicht (Kilogramm)
MJ = Energiebedarf (Megajoule)

Kg	MJ	Kg	MJ
1	0,5	16	4,0
2	0,8	17	4,2
3	1,1	18	4,4
4	1,4	19	4,6
5	1,7	20	4,7
6	1,9	25	5,6
7	2,2	30	6,4
8	2,4	35	7,2
9	2,6	40	8,0
10	2,8	45	8,7
11	3,0	50	9,4
12	3,2	55	10,1
13	3,4	60	10,8
14	3,6	65	11,4
15	3,8	70	12,1

In unseren Rezepten wird der Energiegehalt von 100 Gramm der Futtermischung jeweils angegeben. Sie rechnen dann nur noch:

> MJ Energiebedarf (siehe Tabelle Seite 36)
> geteilt durch
> MJ Energiegehalt (siehe Rezept) x 100
> = Gramm Futter

Megajoule (MJ) ist die Einheit, die verdauliche Energie bezeichnet. Das ist die für das Tier verfügbare Energie aus der Nahrung, die nicht mit dem Kot wieder ausgeschieden wird.

Beispiel 1:

Ein Hund mit zehn Kilogramm Körpergewicht hat einen Energiebedarf von 2,8 Megajoule. Ein Rezept gibt einen Energiegehalt von 0,85 MJ/100 Gramm an. 2,8 MJ geteilt durch 0,85 MJ x 100 = 329 Gramm Futter.

Beispiel 2:
(Rezept „Graupentopf")

Ein zehn Kilogramm schwerer, ausgewachsener Hund hat einen Energiebedarf von 2,8 MJ. Das Rezept „Graupentopf" hat einen Energiegehalt von 0,81 MJ pro

Der Foxterrier hat ein Idealgewicht bis neun Kilogramm und damit einen Energiebedarf von 2,6 Megajoule.

WELCHEN ENERGIEBEDARF HAT IHR HUND?

Der Groenendael soll 30 bis 32 Kilogramm auf die Waage bringen.

100 Gramm Futter. Sie rechnen also **2,8 MJ : 0,81 MJ = 3,45 x 100 = 345 Gramm** des „Graupentopfes". Das heißt ein zehn Kilogramm schwerer Hund benötigt 345 Gramm von diesem Futter.

Dann rechnen Sie bei jeder Zutat des Rezeptes folgendermaßen: 345 geteilt durch 100 mal Prozentsatz (Prozent) der Zutat. Bei dem Rezept „Graupentopf" würden Sie dann Folgendes errechnen, wobei Werte nach dem Komma auf- oder abgerundet werden:

121 Gramm Hühnerfleisch (35 Prozent)
52 Gramm Hühnermagen (15 Prozent)
69 Gramm Gerstengraupen (20 Prozent)
52 Gramm Möhren (15 Prozent)
35 Gramm Lauch (10 Prozent)
17 Gramm Distelöl (5 Prozent)

Für einen 30 Kilogramm schweren Hund mit einem Energiebedarf von 6,4 MJ wären die Mengen im „Graupentopf-Rezept" folgende:
Gesamtfuttermenge 790 Gramm
276 Gramm Hühnerfleisch (35 Prozent)
118 Gramm Hühnermagen (15 Prozent)
158 Gramm Gerstengraupen (20 Prozent)
118 Gramm Möhren (15 Prozent)
79 Gramm Lauch (10 Prozent)
39 Gramm Distelöl (5 Prozent)

Für einen 60 Kilogramm schweren Hund mit einem Energiebedarf von 10,8 MJ wären die Mengen im „Graupentopf-Rezept" folgende:
Gesamtfuttermenge 1333 Gramm
465 Gramm Hühnerfleisch (35 Prozent)
199 Gramm Hühnermagen (15 Prozent)
266 Gramm Gerstengraupen (20 Prozent)
199 Gramm Möhren (15 Prozent)
133 Gramm Lauch (10 Prozent)
66 Gramm Distelöl (5 Prozent)

Ein Taschenrechner erweist sich als hilfreich.

Getreide wird roh gewogen und ebenso alle anderen Zutaten.

Der Proteingehalt und die anderen Zutaten sind für einen normalen ausgewachsenen Hund berechnet.

Ein Bullmastiff-Rüde wiegt bis zu 60 Kilogramm.

Eine säugende Hündin mit drei Welpen braucht das Doppelte ihrer normalen Futtermenge - und auch die zweifache Menge Calcium.

Die tragende und säugende Hündin

Für tragende und säugende Hündinnen gilt:

Ab der fünften Trächtigkeitswoche muss die übliche errechnete Futtermenge um 40 bis 70 Prozent erhöht werden, das heißt die Futtermenge wird mit 1,4 (bei kleineren Rassen) bei 40 Prozent Mehrbedarf oder mit 1,7 (bei größeren Rassen) bei 70 Prozent Mehrbedarf multipliziert. Außerdem sollte die Hündin jetzt zweimal täglich gefüttert werden, wenn Sie dies nicht sowieso schon immer getan haben.

Während der Trächtigkeit ist der Bedarf an Eiweiß, Phosphor und Calcium erhöht. Wichtigste Maßnahme ist Qualität statt Quantität.

Also nicht die Hündin fett füttern, sondern die hochwertigsten Eiweißquellen (Fleisch), Ei, Haferflocken und möglichst immer etwas Leber (etwa fünf Prozent) verwenden.

Säugende Hündinnen benötigen das Zweifache ihres Normalbedarfes und haben einen besonders hohen Mineralstoffbedarf. Besonders mineralstoffreiche Futtermittel sind rotes Fleisch, Leber und Haferflocken. Leber sollte allerdings nicht in zu großer Menge, sondern immer kombiniert gegeben werden, damit es nicht zu einer Vitamin A-Überdosierung kommt.

Der Calciumgehalt des Futters muss natürlich auch zwei Mal so hoch wie normal sein, da besonders die säugende Hündin sehr viel Calcium über die Milch an die Welpen abgibt.

Bei mehr als drei Welpen kann sich der Nahrungsbedarf bis auf die vierfache Menge des Erhaltungsbedarfes erhöhen. Bis zur dritten Laktationswoche sollte die Nahrungsmenge stufenweise erhöht werden, da von der dritten bis zur fünften Laktationswoche die Milchmenge am größten ist.

Nach der fünften Woche erhält die Hündin wieder ihre normale Nahrungsmenge, damit die Milchleistung sich verringert.

Zu diesem Zeitpunkt beginnt die Zufütterung der Welpen mit fester Nahrung und daher verringert sich der Bedarf an Milch.

Welpen

Welpen sollten wenn irgendwie möglich die ersten drei Wochen nur Muttermilch zu sich nehmen. Das Allerwichtigste ist die Kolostralmilch der ersten Tage. Wenn dies nicht möglich ist, sollten Sie versuchen eine Amme zu bekommen, oder müssen auf speziell für Welpen hergestellte Pulvermilch umsteigen, die mit Wasser angerührt wird. Kuhmilch ist als alleinige Welpennahrung absolut ungeeignet. Sie können mit dem folgenden Rezept auch einen Milchersatz selber herstellen.

Milchersatz

Energiegehalt: 2,6 MJ/100 Gramm
40 Prozent Magerquark
43 Prozent Magermilch
10 Prozent Eigelb
6 Prozent Sonnenblumenöl
1 Prozent Mineralfuttermischung

Muss ein Welpe mit der Flasche zugefüttert werden, braucht er einen abgestimmten Milchersatz.

Das Mineralfutter sollte Vitamine, Mineralstoffe und etwa 20 Prozent Calcium und acht Prozent Phosphor enthalten. Besonders geeignet sind speziell für Hundewelpen hergestellte Mischungen. Ein gehäufter Teelöffel Quark wiegt 15 Gramm, ein Esslöffel Milch 15 Gramm, ein Eigelb 30 Gramm, ein Teelöffel Öl 3 Gramm.

Mit der Beifütterung von Welpen beginnt man etwa ab der dritten Woche; wenn die Hündin aber genug Milch hat (was Sie daran sehen, dass die Welpen zufrieden in ihrem Korb schlafen und nicht dauernd Radau machen), können Sie auch erst in der vierten Woche damit beginnen.

Am ersten Tag füttert man die Welpen mit kleinen Mengen Rindertartar aus der Hand, um sie an das Selberfressen heran zu führen. Im Normalfall sind sie geradezu gierig auf das Fleisch. Danach erhalten sie zunächst kleine Nahrungsmengen (püriert oder besonders klein geschnitten) von Rezepten, die für Welpen geeignet sind, in flachen Schüsseln, und zwar für jeden Welpen eine eigene Schüssel, damit sie ungestört probieren können. Mengenangaben sind zunächst nicht möglich, da Sie ja nicht wissen, wie viel der Welpe noch bei der Mutter trinkt. Generell kann man sagen, dass das angebotene Futter aufgefressen werden soll. Wenn etwas übrig bleibt, war es schon zu viel. Bei Durchfall setzen Sie einen Tag mit dem Beifutter aus, verringern danach die Menge und nehmen ein anderes Rezept, weil es möglich ist, dass die Tiere sich schlicht überfressen haben.

Mit sechs Wochen sind Welpen neugierig auf alles – auch auf anderes Futter als Muttermilch.

Wichtig ist es auch das Futter so gut zu mischen, dass die Welpen nicht einzelne Zutaten aussortieren können, denn das könnte zu Mangelerscheinungen durch Einseitigkeit führen. Auch dürfen besonders Welpen größerer Rassen nicht zu schnell wachsen, weil das schlecht für die Entwicklung des Knochengerüstes ist. Orientieren Sie sich an den empfohlenen Wachstumskurven und wiegen Sie die Welpen je nach Rasse täglich oder mindestens einmal wöchentlich. Tabellen für Wachstumskurven finden Sie in den Büchern, die im Literaturanhang genannt werden. Wenn Ihr Welpe zu schnell wächst, füttern Sie Rezepte, die für erwachsene Hunde geeignet sind.

Übergewicht ist für Welpen und Junghunde gefährlich, denn es lässt sie zu schnell wachsen; also einmal pro Woche Gewicht kontrollieren.

Welpen nach dem Abstillen und Junghunde

Neubesitzer sollten sich immer beim Züchter nach der bisherigen Fütterung erkundigen und die Nahrung langsam umstellen, um Verdauungsstörungen zu vermeiden. Bedenken Sie immer, dass das erste Jahr das wichtigste Jahr ist. Was Sie in diesem Jahr falsch machen, kann selten wieder gut gemacht werden. Ebenso kann in diesem Jahr mit bester Fütterung auch der gesündeste Hund aufgezogen werden.

Besonders wichtig ist, wie schon gesagt, dass der Hund nicht zu schnell wächst und zwar besonders bei den großen Rassen. Ein zu schnelles Wachstum schadet nicht nur dem Knochenbau des Hundes, es kann sogar zur gefürchteten Hüftdysplasie (HD) führen, ebenso wie eine übertriebene Fütterung von Mineralstoffen und Calcium.

Hier gilt nicht „viel hilft viel"; die empfohlenen Werte sollten nie überschritten werden. Die richtige Menge an Mineralstoffen ist meist auf der Packung des Beifutters angegeben. Zu einem mineralisiertem Fertigfutter sollte nie noch zusätzlich ein Mineralstoff- und Vitaminpräparat gegeben werden. Um ein zu schnelles Wachstum zu verhindern, empfiehlt es sich Fertigfuttersorten zu nehmen, deren Eiweißgehalt nicht über 27 Prozent liegt.

Ein regelmäßiges Wiegen ist für die Wachstumskontrolle sehr wichtig. Solange der Hund nicht zu schwer ist, wiegen Sie sich einfach mit dem Hund auf dem Arm, wiegen sich danach ohne Hund und ziehen Ihr Gewicht ab. Übergewicht zeigt sich oft nämlich nicht als Fett auf den Rippen, sondern als zu schnelles Höhenwachstum. Die Endgröße eines Hundes ist genetisch festgelegt und kann nicht durch Fütterung beeinflusst werden, also brauchen Sie sich keine Sorgen zu machen, wenn Ihr Hund etwas unterhalb der Wachstumskurve liegt.

WELCHEN ENERGIEBEDARF HAT IHR HUND?

Der Energiebedarf des Junghundes hängt von seinem jeweiligen Alter und seinem zu erwartenden Endgewicht ab. Das Endgewicht erfragen Sie am einfachsten beim Züchter des Hundes oder orientieren sich an Tabellen für die jeweiligen Rassen, bei Mischlingen an den Werten für die erkennbaren oder bekannten Rassen, die sich in dem Hund vereinen. Sollte kein Elterntier bekannt sein, so fragen Sie Ihren Tierarzt, Tierheilpraktiker oder andere kompetente Personen. Das Endgewicht eines Hundes ist übrigens auch genetisch festgelegt und kann durch die Fütterung nur in Unter- oder Übergewicht geändert werden. Anhand der folgenden Tabelle setzen Sie dann wieder die bekannte Formel ein:

MJ Energiebedarf
geteilt durch
MJ Energiegehalt x 100 = Gramm Futter

Monaten zwei Mal täglich gefüttert werden. Bei großen Rassen sollte erst ab dem zehnten Lebensmonat auf zwei Mal tägliche Fütterung umgestellt werden. Durch zweimal tägliches Füttern kann einem möglichen Magendreher (schwere Erkrankung, die eine sofortige Operation erforderlich macht) vorgebeugt werden, der vorrangig bei großen, tiefbrüstigen Rassen auftreten kann.

Es gilt die individuelle Futterverwertung zu beachten, das heißt wenn Ihr Hund trotz genau ausgerechneter Menge zu schnell wächst, müssen Sie die Nahrungsmenge reduzieren und auch einmal Rezepte mit einem niedrigen Energiegehalt wie 0,65 MJ/100 Gramm Futter zubereiten. Ein hervorragendes Calciumbeifutter mit einem Calciumgehalt von 24 Prozent ist das Aufbaukonzentrat (siehe Anhang). Es enthält kohlensauren Austernschalenkalk, Nessel, Weizenkleie, Apatit

ENERGIEBEDARF

Alter in Monaten	1	2	3	4	5+6	7-12
Gewicht (Kg)						
5	0,5	0,9	1,6	1,9	2,1	2,3
10	0,7	1,6	2,6	3,3	3,6	3,8
20	1,1	2,6	4,4	5,6	5,9	6,5
35	1,4	4,1	6,9	8,3	8,7	9,4
60	2,1	5,3	9,7	12,5	14,5	15,0

Tabelle nach Meyer 1992

Die Mahlzeiten sollten zu festen Uhrzeiten stattfinden. Die Hunde sollten im dritten Monat vier Mal täglich, ab dem vierten Monat drei Mal täglich und ab sechs und Kieselgur. Er kann auch bei allen anderen Altersstufen benutzt werden und hat den Vorteil keine synthetischen Stoffe zu enthalten.

Nur im Training und Wettkampf benötigen Leistungssportler auch mehr Energie, an normalen Tagen reicht die normale Portion.

Leistungshunde

Unter Leistungshunden versteht man Hunde, die mehr als drei Stunden täglich spazieren gehen oder die mehr als ein normales Training auf dem Hundeplatz absolvieren (zum Beispiel tägliches Ausdauertraining am Fahrrad, tägliches intensives Agility-Training). Man unterscheidet zwischen Hunden, die in kurzer Zeit Höchstleistungen erbringen, wie zum Beispiel Rennhunde, und Tieren, die Ausdauerleistung erbringen, wie zum Beispiel Jagdhunde oder Schlittenhunde. Bei kurzfristiger Höchstleistung wird der erhöhte Energiebedarf durch eine Steigerung der Kohlenhydratzufuhr gewährleistet, da hierdurch die Energie schnell verfügbar ist. Bei Ausdauerleistung sollte der Fettanteil des Futters erhöht werden. Bedenken Sie aber, dass der Hund wirklich nur an den Tagen oder innerhalb der Leistungssaison eine erhöhte Energiezufuhr benötigt, an denen er auch wirklich Höchstleistungen erbringt. Außerhalb der Saison oder an normalen Tagen braucht auch er nur die normale Portion.

Rennhunde und Blinden- oder Behindertenhunde benötigen nur etwas mehr Energie, Jagd- und Hütehunde brauchen den doppelten Erhaltungsbedarf und Schlittenhunde erhalten den dreifachen

Erhaltungsbedarf. Aber auch hier gilt es den individuellen Bedarf Ihres Hundes kennen zu lernen und zwar ganz einfach durch Wiegen, Beobachten der Leistung und Beurteilung des Gesamtzustandes.

Wichtig ist es auch den Hund erst nach der Leistung zu füttern, damit ein voller Magen nicht leistungsbehindernd wirkt. Ideal ist es den Hund etwa zwei Stunden nach der Leistung zu füttern, wenn er sich wieder vollständig beruhigt hat.

Der alte Hund

Unter einem alten Hund verstehen wir bei kleineren Rassen Hunde ab neun Jahren und bei großen Rassen Hunde ab sechs Jahren. Der Energiebedarf des alten Hundes ist um etwa ein Viertel geringer als der des erwachsenen Hundes. Besonders wichtig ist es den alten Hund mit qualitativ hochwertigen Proteinquellen zu füttern, um die Futtermenge ohne Mangelerschei-

Mit zunehmendem Alter stellt sich der Stoffwechsel um. Es reicht nicht, weniger zu füttern – Hundesenioren brauchen anderes Futter.

Wird der Hund zu rund, helfen „magere" Rezepte und viel mehr Bewegung.

nungen reduzieren zu können. Durch die leicht verdaulichen Proteine werden die Verdauungsorgane weniger belastet und die schwächer werdenden inneren Organe genährt. Also eher Muskelfleisch, Eier und Quark füttern und möglichst keine Innereien (unter anderem Pansen) mehr. Erhöhen Sie bitte nicht die Menge an Vitamin- und Mineralstoffpräparaten, denn das belastet die inneren Organe des alternden Hundes zu sehr. Ebenso sollten Sie den alternden Hund zur Entlastung der inneren Organe zwei bis drei Mal täglich füttern. Liegen Zahn- oder Zahnfleischprobleme vor, sollten Sie das Futter zur Vereinfachung der Aufnahme pürieren.

Also die Futtermenge auf 75 Prozent des bisherigen Bedarfs reduzieren und die dadurch entstehenden Ersparnisse in hochwertige Eiweißlieferanten investieren. So wird der Hund nicht zu dick und bleibt länger fit.

Der übergewichtige Hund

Das Wichtigste für einen übergewichtigen Hund ist Bewegung. Auch die beste Diät lässt die Pfunde nicht purzeln, wenn nicht gleichzeitig der Hund ausreichend bewegt wird. Außerdem tut der Aufenthalt an der frischen Luft auch jedem Menschen gut.

Übergewicht sieht nicht nur schlecht aus, es belastet auch den Bewegungsapparat und die inneren Organe des Hundes und verkürzt sein Leben. Die erste Maßnahme zur Gewichtsreduktion ist das völlige Weglassen von irgendwelchen Leckerchen, Kauknochen, Leberwurstbrötchen und Ähnlichem - auch wenn es schwer fällt - denn die meisten übergewichtigen Hunde werden durch nebenher gegebenes Futter dick und nicht durch ihr normales Futter. Wenn beim Spaziergang oder Sport Futterbelohnungen gegeben werden, sind die unbedingt von der Tagesration abzuziehen. Am besten sollte immer nur eine Person des Haushaltes den Hund füttern, um den genauen Überblick über seine Futtermengen zu haben. Sehr bewährt hat sich die Trennkostmethode, bei der mittags die Kohlenhydrate wie Getreide und Kartoffeln und abends das Fleisch, der Quark, die Eier und das Gemüse nebst den Futterzusätzen gefüttert werden

Generell sollten nur Rezepte verwendet werden, die einen Energiegehalt von 0,7 MJ/100 Gramm Futter nicht überschreiten. Oder Sie verwenden nur magere Fleischsorten wie Muskelfleisch, Fisch, Magerquark, viel Gemüse und wenig Öl. Ganz auf Pflanzenöle zu verzichten hat sich nicht bewährt, weil Hunde auch durch einen Mangel an essenziellen Fettsäuren dick werden können. Wenn Sie ab und an Fertigfutter geben, sollten Sie Sorten wählen, die für übergewichtige Hunde konzipiert sind, oder das gewohnte Futter in der Menge reduzieren und stattdessen gekochtes Gemüse hinzufügen. So hat der Hund den Magen voll, aber das Futter setzt nicht so an.

Machen Sie keine Gewaltkuren mit Ihrem Hund, ein langsames Abnehmen von etwa einem Kilogramm pro Monat ist gesünder.

Der untergewichtige Hund

Bei untergewichtigen Hunden sollten Sie als Erstes eine Kotprobe auf Parasiten untersuchen lassen und eventuelle Krankheitsursachen beim Tierarzt oder Tierheilpraktiker ausschließen lassen. Berechnen Sie die Futtermenge Ihres Hundes nicht nach seinem jetzigen Gewicht sondern nach seinem angestrebten Gewicht, und füttern Sie nur Rezepte mit einem hohen Energiegehalt ab 1,0 MJ/100 Gramm Futter. Bei sehr starkem Untergewicht können Sie die so errechnete Futtermenge sogar noch um etwa 20 Prozent steigern. Generell sollten Sie fettreiche Fleischsorten wie Ente, Gans, Schweinefleisch oder überhaupt Fleisch mit Fett, Sahnequark, Haferflocken (sehr aufbauende Nahrung) und Pflanzenöle füttern. Aber auch auf Gemüse sollten Sie nicht verzichten um die Ausgewogenheit der Nahrung zu erhalten. Versuchen Sie nicht das Gewicht innerhalb von ein paar Tagen durch extreme Überfütterung zu steigern, denn das würde den Organismus des Hundes überfordern.

Der kranke Hund

Ein kranker Hund hat ein Grundbedürfnis nach Sicherheit und Wärme und einem Zugang zu Sonne und frischer Luft. Diese Bedürfnisse sollten Sie ihm erfüllen. Sorgen Sie also für eine saubere, behagliche Liegestelle, frei von Zugluft, Lärm und Störungen. Halten Sie die Liegestatt sauber und wechseln Sie die Tücher und Decken nach Bedarf. Wenn Ihr Hund an die frische Luft will, lassen Sie ihn, aber erzwingen Sie es nicht. Besonders bei Fieber empfiehlt es sich den Hund an den ersten beiden Tagen fasten zu lassen, denn Nahrung würde den Körper nur unnötig belasten. Trinkwasser sollte allerdings immer zur

Verfügung stehen. Das Gleiche gilt bei Durchfall, denn Nahrung belastet den Darm nur unnötig und meist ist nach diesen Fastentagen der Durchfall auch schon wieder verschwunden. Ein wunderbares Hausmittel bei Durchfall ist übrigens zweimal gekochter Möhrensaft. Heilend, aber auch vorbeugend kann täglich ein halber bis ein Teelöffel pulverisierte Ulmenrinde dem Futter beigefügt werden.

Fasten entgiftet den Körper und hilft ihm überflüssige Schlacken los zu werden. So hält auch ein Fastentag in der Woche Ihren Hund gesund. Nach den krankheitsbedingten Fastentagen sollten Sie immer mit einfacher Kost beginnen. Am ersten Tag nur etwas gekochtes Gemüse mit Reisschleim oder Haferschleim.

Danach etwas mageres Fleisch oder Magerquark mit gekochtem Gemüse und gekochtem Reis. Besonders wichtig ist es in diesen Tagen auf Fertigfutter und Leckerlis zu verzichten, um die Wirkung des Fastens nicht sofort wieder zunichte zu machen. Bei zehrenden Krankheiten wie zum Beispiel Leberzirrhose, Schrumpfniere oder Krebs sollte Ihr Hund nicht fasten, da der Substanzverlust zu groß wäre.

Bei diesen Erkrankungen ist eine Fütterung mit hochwertigen Proteinen sehr wichtig, da der Körper viel Kraft benötigt um mit diesen Erkrankungen fertig zu werden. Bei Leberzirrhose ist häufig Quark das einzige Futtermittel, das noch vertragen wird.

Bei sehr schwachen Hunden kann man versuchen Fleischbrühe oder Hühnerbrühe zu füttern, aber bitte nur selbstgekochte, da sie energetisch und von der Zusam-

Ein gesunder Hund sollte einen Tag pro Woche fasten, ein Hund mit Fieber sogar die ersten zwei Tage.

mensetzung her viel wertvoller ist. Manche Hauterkrankungen bessern sich schon, wenn man die Hunde mit selbst gekochter Frischkost füttert, da viele Hautirritationen durch Allergien auf Fertigfutter entstehen.

Auch Hunde, die einfach nur stinken und deren Fell sich sehr fettig anfühlt, profitieren von unseren Rezepten. Tiere, die eine starke Schuppenbildung haben, benötigen häufig essenzielle Fettsäuren in Form von Pflanzenöl.

Allergische Hunde reagieren oft sehr gut auf ein Futter mit Kartoffeln (siehe Rezeptteil „Menü für Allergiker"), ohne Rind und ohne Möhren und Getreide.

REZEPTE

Rezepte

Einleitung

Die folgenden Rezepte können je nach Alter und Leistung abgewandelt werden. Sie sind alle für erwachsene Hunde im Erhaltungsstoffwechsel geeignet. Die Eignung für die anderen Hunde wird jeweils im Rezept erwähnt.

Die Gemüsesorten haben alle ungefähr den gleichen Energiegehalt, daher können Sie die Sorten in den einzelnen Rezepten oder auch Gemüse der Saison wählen, ohne dass sich der Energiegehalt der einzelnen Rezepte ändert. Aus dem gleichen Grund können Sie auch Pflanzenöle untereinander austauschen.

Besonders empfehlenswert sind Zutaten aus der ökologischen Landwirtschaft. Wenn Sie nach der „Trennkostmethode" von J. de Baraclai Levy (siehe Anhang) füttern wollen, sollten Sie mittags die in den Rezepten angegebenen Kohlenhydrate und abends das Eiweiß mit allen anderen Zutaten füttern.

Außerdem möchten wir noch einmal darauf hinweisen, dass der Bedarf Ihres Hundes etwas von der angegebenen Menge abweichen kann, je nachdem ob Ihr Hund ein guter oder schlechter Futterverwerter ist. Auch Haltungsbedingungen, Stress oder Klimaeinflüsse können den Energiebedarf verändern. Stress und Kälte

Zur gesunden Ernährung gehört auch eine gesunde Haltung beim Fressen: ein großer Hund braucht so einen Futterständer.

zum Beispiel erhöhen den Energiebedarf. Alle Zutaten werden roh gewogen!

Füttern Sie nie eiskaltes Futter direkt aus dem Kühlschrank oder heißes Futter direkt aus dem Kochtopf, denn das schadet den Verdauungsorganen Ihres Hundes.

Frisches Trinkwasser sollte immer ausreichend zur Verfügung stehen. Jeder Hund sollte seinen eigenen Fressnapf haben, der an einem ruhigen störungsfreien Ort stehen sollte. Empfehlenswert ist ein in der Höhe verstellbarer Futterständer, der mit dem Hund wachsen kann. Dadurch wird eine optimale Körperhaltung bei der Nahrungsaufnahme erzielt. Halten Sie den Fressnapf immer sauber und benutzen Sie keine scharfen geruchsintensiven Putzmittel.

REZEPTE

DER PANSENNAPF

Energiegehalt 0,85 MJ/100 Gramm Futter

40 Prozent Pansen (ungewaschen oder gewaschen und roh)

20 Prozent Suppenfleisch oder Kopffleisch vom Rind (roh)

30 Prozent Kartoffeln (gekocht)

5 Prozent Weizenkleie

5 Prozent Distel- oder Sonnenblumenöl

Calcium oder Mineralstoffmischung je nach Gewicht des Hundes

Eine mittelgroße Kartoffel wiegt 100 Gramm, ein Teelöffel Öl 3 Gramm, ein Teelöffel Weizenkleie 1 Gramm.

Pansen und Fleisch in maulgerechte Stücke schneiden, die gekochten Kartoffeln zerquetschen und alles mit den restlichen Zutaten gut vermischen

Geeignet für:
- normale Hunde
- Leistungshunde, die Ausdauerleistung erbringen
- untergewichtige Hunde

Nicht geeignet für:
- Welpen
- tragende und säugende Hündinnen
- übergewichtige Hunde
- alte Hunde

Bei diesem Rindereintopf können Sie alle Zutaten kochen, oder zum Schluss das Rindfleisch roh dazugeben.

Der Rindereintopf

Energiegehalt 1,04 MJ/100 Gramm Futter

50 Prozent Suppen- oder Kopffleisch vom Rind (roh oder gekocht)

2 Prozent Rinderleber (gekocht)

3 Prozent Eigelb (roh)

20 Prozent Joghurt

20 Prozent Vollkornreis (lange gekocht)

5 Prozent Broccoli (gekocht)

Calcium oder Mineralstoffmischung je nach Gewicht des Hundes

Ein Eigelb wiegt 30 Gramm, ein Esslöffel Joghurt 17 Gramm, ein Esslöffel roher Reis 15 Gramm.

Fleisch und Leber in maulgerechte Stücke schneiden. Den Vollkornreis im Verhältnis von einer Tasse Reis zu 2,5 Tassen Wasser 30 Minuten bei kleiner Hitze kochen. Dann, wenn Sie das Fleisch kochen wollen, die Stücke dazugeben. Ebenso die Broccoliröschen hinzugeben. Noch einmal 15 Minuten auf kleiner Hitze kochen. Falls zu wenig Wasser im Topf ist, schütten Sie es nach. Abkühlen lassen und die restlichen Zutaten unterrühren. Wird gerne gefressen, wenn es noch lauwarm ist.

Geeignet für:
- normale Hunde
- Leistungshunde, besonders für Rennhunde
- untergewichtige Hunde
- alte Hunde
- Welpen und Junghunde (Calcium oder Mineralstoffmischung erhöhen)

Nicht geeignet für:
- tragende und säugende Hündinnen; wenn Sie aber den Reisanteil auf 15 Prozent verringern und etwas Pflanzenöl hinzufügen, ist es auch für sie geeignet
- übergewichtige Hunde

Kommissar Rex

Energiegehalt 1,02 MJ/100 Gramm Futter

50 Prozent Hochrippe vom Rind

5 Prozent Rinderherz

10 Prozent Magerquark

20 Prozent Spätzle

10 Prozent Spinat

5 Prozent Distelöl

Calcium oder Mineralstoffmischung je nach Gewicht des Hundes

Ein gehäufter Teelöffel Quark wiegt 15 Gramm, ein Esslöffel trockene Spätzle 10 Gramm, ein Esslöffel Öl 10 Gramm.

Die Spätzle in Wasser nach Packungsanleitung gar kochen und dann das Wasser abschütten. Das Fleisch in maulgerechte Stücke schneiden.

Den Spinat kurz in Wasser dünsten und danach mit dem Pürierstab pürieren. Wenn Sie das Fleisch nicht roh füttern wollen, können Sie es im Distelöl kurz anbraten. Dann alle Zutaten mischen, auch das Öl, wenn Sie es nicht zum Braten genommen haben, und lauwarm servieren.

Geeignet für:
- normale Hunde
- Leistungshunde
- Welpen und Junghunde
- alte Hunde
- untergewichtige Hunde

Nicht geeignet für:
- übergewichtige Hunde
- tragende und säugende Hündinnen, wenn Sie allerdings den Spätzleanteil auf 15 Prozent verringern und den Quarkanteil auf 15 Prozent erhöhen, können auch sie dieses Futter fressen

REZEPTE

Kommissar Rex: Das schmeckt garantiert besser als eine Wurst-Semmel!

Hamburger Royal

Energiegehalt 0,95 MJ/100 Gramm Futter

25 Prozent Rinderhackfleisch (mit Fettanteil)

20 Prozent Magerquark

25 Prozent Haferflocken

10 Prozent Vollkornbrot (getrocknet)

10 Prozent Zwiebeln

10 Prozent Salat

Calcium oder Mineralstoffmischung je nach Gewicht des Hundes

Ein gehäufter Teelöffel Quark wiegt 15 Gramm, ein gehäufter Esslöffel Haferflocken 10 Gramm, eine mittelgroße Scheibe Brot wiegt 45 Gramm.

Die Zwiebeln würfeln. Das Hackfleisch in einer tiefen Pfanne ohne Wasser kurz anbraten und dann Wasser dazu geben. Die Zwiebeln und die Haferflocken dazugeben und unterrühren.

Das Ganze etwa 10 Minuten bei kleiner Hitze kochen. Wenn die Masse zu fest wird noch etwas Wasser hinzufügen.

Den Salat pürieren und das Vollkornbrot in kleine Stücke brechen. Alle Zutaten miteinander vermischen und lauwarm servieren.

Geeignet für :
- *alle Hunde, außer übergewichtigen Hunden; nach Alter und Leistung abgewandelt*

Das vegetarische Menü

Energiegehalt 0,7 MJ/100 Gramm Futter

45 Prozent Magerquark
15 Prozent Tofu
3 Prozent Ei
20 Prozent Reis
12 Prozent Möhren
2 Prozent Apfel
3 Prozent Weizenkleie
Calcium oder Mineralstoffmischung je nach Gewicht des Hundes

Ein gehäufter Teelöffel Quark wiegt 15 Gramm, ein Ei 60 Gramm, ein Esslöffel Reis 15 Gramm, eine mittelgroße Möhre wiegt 100 Gramm, ein Viertel Apfel wiegt 25 Gramm, ein Teelöffel Weizenkleie 1 Gramm.

Den Reis im Verhältnis von einer Tasse Reis zu 2,5 Tassen Wasser bei kleiner Hitze 30 Minuten kochen.

Die Möhren entweder kochen und pürieren oder roh reiben, den Apfel reiben, das Ei kochen (eventuell mit dem Reis).

Das Ei und den Tofu zerkleinern. Alle Zutaten vermischen. Wenn Sie die Eierschalen mitfüttern, benötigen Sie keinen Calciumzusatz mehr.

> *Geeignet für:*
> - normale Hunde
> - alte Hunde
> - übergewichtige Hunde
>
> *Nicht geeignet für:*
> - Leistungshunde
> - tragende und säugende Hündinnen
> - untergewichtige Hunde

Für Hunde mit wenig Energiebedarf ist so ein fleischloses Futter gut geeignet.

REZEPTE

Für Hunde mit Allergieproblemen sind Adukibohnen (auch das Kochwasser!) ideal.

Menü für Allergiker

Energiegehalt 0,82 MJ/100 Gramm Futter

45 Prozent Schweinefleisch (Schnitzel)
25 Prozent Kartoffeln
15 Prozent Adukibohnen
10 Prozent Broccoli
5 Prozent Sonnenblumenöl
Brennnesseln ein Teelöffel/ein Esslöffel je nach Größe des Hundes
Calcium je nach Gewicht des Hundes

Eine mittelgroße Kartoffel wiegt 100 Gramm, ein Teelöffel Adukibohnen 5 Gramm, ein Esslöffel Sonnenblumenöl 10 Gramm.

Die Adukibohnen in viel Wasser drei Stunden lang kochen lassen. Es empfiehlt sich wegen der langen Kochdauer für drei Tage im Voraus zu kochen.

Auch wenn Sie Ihrem allergischen Hund nicht täglich dieses Futter kochen, sollten Sie doch wenigstens täglich die Adukibohnen und noch wichtiger dieses Adukibohnenwasser füttern.

Das Schweinefleisch in maulgerechte Stücke schneiden, die Kartoffeln schälen und klein schneiden, den Broccoli in kleine Stücke schneiden und alles zusammen in Wasser etwa 20 Minuten lang gar kochen.

Die Brennnesseln roh oder getrocknet in den letzten zwei Minuten mitkochen lassen. Überschüssiges Wasser abschütten, Kartoffeln und Broccoli mit der Gabel klein drücken und die Adukibohnen und auch etwas von dem Adukibohnenkochwaser zum Futter geben und alles gut vermischen. Etwas abkühlen lassen und dann das Öl und das Calcium unterrühren.

> *Geeignet für:*
> - *Alle Hunde, bei übergewichtigen Hunden lassen Sie das Öl weg oder reduzieren es auf 1 Prozent; nach Alter und Leistung abgewandelt*

BOHNENTOPF

Energiegehalt 1,28 MJ/100 Gramm Futter

45 Prozent Lammfleisch (Brust)
18 Prozent weiße Bohnen
20 Prozent weißer Reis
10 Prozent Möhren
6 Prozent Tomaten
1 Prozent Olivenöl
Calcium oder Mineralstoffmischung je nach Gewicht des Hundes

Ein Esslöffel Reis wiegt 15 Gramm, eine mittelgroße Möhre 100 Gramm, eine mittelgroße Tomate 100 Gramm, ein Teelöffel Öl 3 Gramm.

Reis und Bohnen getrennt gar kochen. Sie können auch Bohnen aus der Dose nehmen. Lammfleisch mit den Möhren oder Tomaten kochen.

Dann das Fleisch in maulgerechte Stücke schneiden, die Möhren und Tomaten zerquetschen.

Sie können das Lammfleisch auch roh füttern, die Möhren roh reiben und die Tomate pürieren. Alle Zutaten miteinander vermischen und lauwarm servieren.

> *Geeignet für:*
> - *normale Hunde*
> - *Welpen und Junghunde*
> - *alte Hunde*
> - *Leistungshunde*
> - *untergewichtige Hunde*
> - *tragende und säugende Hündinnen*
>
> *Nicht geeignet für:*
> - *übergewichtige Hunde*

REZEPTE

Aus diesen Zutaten entsteht ein wunderbarer Eintopf.

Graupentopf

Energiegehalt 0,81 MJ/100 gFutter

35 Prozent Hühnerfleisch (Keule)
15 Prozent Hühnermägen
20 Prozent Gerstengraupen
15 Prozent Möhren
10 Prozent Lauch
5 Prozent Distelöl
Calcium oder Mineralstoffmischung je nach Gewicht des Hundes

Ein Teelöffel Graupen wiegt 5 Gramm, eine mittelgroße Möhre 100 Gramm, eine kleine Stange Lauch 100 Gramm, ein Esslöffel Öl 10 Gramm.

Die Hühnermägen und die Graupen (eine Tasse Graupen auf 2,5 Tassen Wasser) mit Wasser bedecken und etwa 45 Minuten lang bei kleiner Hitze und geschlossenem Deckel kochen, wenn Wasser fehlen sollte zwischendurch nachschütten.

Währenddessen das Hühnerfleisch in maulgerechte Stücke schneiden, die Möhren und den Lauch in dünne Scheiben schneiden und 20 Minuten vor Ende der Kochzeit zu den Graupen geben.

Dann abkühlen lassen und für kleine Hunde die Hühnermägen herausfischen, in maulgerechte Stücke schneiden und wieder in den Topf tun.

Das Öl und das Calcium oder das Mineralfutter hinzufügen und alles gut durchmischen.

> *Geeignet für :*
> - *Alle Hunde, bei übergewichtigen Hunden lassen Sie einfach das Öl weg oder geben nur 1 Prozent; nach Alter und Leistung abgewandelt*

Linsentopf

Energiegehalt 0,73 MJ/100 Gramm Futter

45 Prozent Schweinefleisch
15 Prozent Linsen (trocken oder aus der Dose)
25 Prozent Kartoffeln
13 Prozent Möhren
2 Prozent Sonnenblumenöl

Eine mittelgroße Kartoffel wiegt 100 Gramm, eine mittelgroße Möhre 100 Gramm, ein Teelöffel Öl 3 Gramm.

Trockene Linsen in Wasser 20 Minuten kochen. Das Schweinefleisch in maulgerechte Stücke schneiden, die Kartoffeln würfeln, die Möhren in Scheiben schneiden und mit den Linsen zusammen weitere 20 Minuten kochen. Wenn Sie Linsen aus der Dose nehmen, kochen Sie alle Zutaten zusammen etwa 20 Minuten. Danach etwas abkühlen lassen und das Calcium oder die Mineralstoffmischung und das Öl hinzufügen.

> *Geeignet für :*
> - *normale Hunde*
> - *alte Hunde*
> - *übergewichtige Hunde, bei ihnen müssen Sie nur das Öl weglassen.*
>
> *Nicht geeignet für :*
> - *Leistungshunde*
> - *tragende und säugende Hündinnen*
> - *Welpen und Junghunde*

HÜHNERTOPF

Energiegehalt 0,93 MJ/100 Gramm Futter

45 Prozent Hühnerfleisch (ganzes Huhn, Muskelfleisch)

5 Prozent Hühnerleber

20 Prozent weißer Reis

15 Prozent Erbsen (eventuell aus der Dose oder gefroren)

14 Prozent Möhren

1 Prozent Sonnenblumenöl

Calcium oder Mineralstoffmischung je nach Gewicht des Hundes

Ein Esslöffel Reis wiegt 15 Gramm, eine kleine Möhre 50 Gramm, ein Teelöffel Öl 3 Gramm.

Hühnerfleisch und Hühnerleber in maulgerechte Stücke schneiden. Pro Tasse Reis 2,5 Tassen Wasser nehmen, Fleisch und Reis darin etwa 25 Minuten kochen. Möhren in dünne Scheiben schneiden oder grob raffeln. Möhren und Erbsen, wenn diese tiefgefroren sind, zehn Minuten vor Ende der Kochzeit hinzufügen. Frische Erbsen von Anfang an mitkochen. Wenn Wasser fehlt etwas dazuschütten. Abkühlen lassen und das Öl und die restlichen Zutaten untermischen.

Geeignet für:
- Für alle Hunde, außer für übergewichtige Tiere
- Nach Alter und Leistung abgewandelt

Rote Karottenstifte als Dekoration lassen den Hühnertopf noch besser aussehen - und sind für Hunde ein zusätzlicher Leckerbissen

Der Name des Rezeptes sagt es schon: Big Power ist eine „Energie-Bombe".

BIG POWER

Energiegehalt 1,08 MJ/100 Gramm Futter

50 Prozent Suppen- oder Kopffleisch vom Rind
5 Prozent Rinderleber
5 Prozent Ei
15 Prozent Haferflocken
5 Prozent Zwieback
15 Prozent Kohlrabi mit Blättern
5 Prozent Apfel
Calcium oder Mineralstoffmischung je nach Gewicht des Hundes

Wenn Sie die Eierschale zerkleinert dazugeben, benötigen Sie kein Calcium oder Mineralfutter mehr extra.

Ein Ei wiegt 60 Gramm, ein gehäufter Esslöffel Haferflocken 10 Gramm, ein Zwieback 10 Gramm, ein Viertel Apfel 25 Gramm.

Kohlrabi mit Blättern in kleine Stücke schneiden und in Wasser 20 Minuten gar kochen. In den letzten zehn Minuten das Ei (in der Schale) und die Leber mitkochen und in den letzten fünf Minuten die Haferflocken und den Zwieback hinzufügen. Danach das Ei herausnehmen und den Rest pürieren. Sollte zu viel Wasser im Topf sein, bitte vorher den Überschuss ausschütten und eventuell für folgende Mahlzeiten aufbewahren.

Das Ei mit Schale zerkleinern und zum Gemüse geben. Das Rindfleisch in maulgerechte Stücke schneiden und roh dazugeben. Wenn Sie es nicht roh füttern wollen, können Sie es kurz in Wasser kochen. Dann reiben Sie noch den Apfel und fügen ihn hinzu.

Dieses Futter ist so mineralstoffreich, dass Sie eigentlich kein Mineralfutter mehr hinzufügen müssen.

Geeignet für :
- *normale Hunde*
- *Leistungshunde*
- *tragende und säugende Hündinnen*
- *Welpen und Junghunde*
- *alte Hunde*
- *untergewichtige Hunde*

Nicht geeignet für :
- *übergewichtige Hunde*

Pig and Potatoe

Energiegehalt 0,64 MJ/100 Gramm Futter

50 Prozent Schweinefleisch (Schnitzel)

5 Prozent Rinderleber

25 Prozent Kartoffeln

5 Prozent Haferflocken

5 Prozent Lauch

9 Prozent Möhren

1 Prozent Sonnenblumenöl

Calcium oder Mineralstoffmischung je nach Gewicht des Hundes

Eine mittlere Kartoffel wiegt 100 Gramm, ein gehäufter Esslöffel Hafer 10 Gramm, eine mittelgroße Möhre 100 Gramm, ein Teelöffel Öl 3 Gramm.

Öl, Calcium und Mineralstoffmischung werden immer erst kurz vor dem Füttern untergemischt.

Schweinefleisch und Rinderleber in maulgerechte Stücke schneiden, den Lauch in dünne Scheiben schneiden, die Möhren grob raffeln, die Kartoffeln in dünne Scheiben schneiden und alles zusammen in Wasser etwa 20 Minuten kochen lassen.

In den letzten fünf Minuten die Haferflocken hinzugeben. Überschüssiges Wasser abschütten und das Futter abkühlen lassen. Das Öl und die restlichen Zutaten hinzufügen, alles gut vermischen und servieren.

Geeignet für :
- *normale Hunde*
- *alte Hunde*
- *übergewichtige Hunde*

Nicht geeignet für :
- *Leistungshunde*
- *tragende und säugende Hündinnen*
- *untergewichtige Hunde*
- *zur Erhöhung des Energiegehaltes können Sie die Menge an Sonnenblumenöl erhöhen, dann ist es für Junghunde geeignet*

KANINCHEN MIT NUDELN

Energiegehalt 0,62 MJ/100 Gramm Futter

50 Prozent Kaninchen
5 Prozent Ei
30 Prozent Nudeln
10 Prozent Kohlrabi
4 Prozent Weizenkleie
1 Prozent Distelöl
Calcium oder Mineralstoffmischung je nach Gewicht des Hundes

Wenn Sie das Ei mit Schale füttern, benötigen Sie kein Calcium oder keine Mineralstoffmischung extra mehr. Ein Ei wiegt 60 Gramm, ein Esslöffel Nudeln 10 Gramm, eine kleine Kohlrabi 100 Gramm, ein Teelöffel Weizenkleie 1 Gramm, ein Teelöffel Öl 3 Gramm. Die Nudeln nach Packungsanleitung gar kochen. Die Kohlrabi klein schneiden und in Wasser 25 Minuten lang kochen lassen. In den letzten 10 Minuten das Ei mit Schale hinzugeben. Wenn Sie das Kaninchen kochen wollen, geben Sie es zu den Kohlrabi, ansonsten schneiden Sie es roh in maulgerechte Stücke. Das mitgekochte Fleisch wird nach dem Kochen geschnitten. Das Ei mit Schale zerkleinern, Kohlrabi mit einer Gabel zerdrücken und alle Zutaten gut vermischen.

Geeignet für :
- *normale Hunde*
- *alte Hunde*
- *übergewichtige Hunde*

Nicht geeignet für :
- *Leistungshunde*
- *tragende und säugende Hündinnen*
- *untergewichtige Hunde und Junghunde benötigen eine Erhöhung der Ölmenge, dann ist es für sie auch geeignet*

REZEPTE

In 30 Minuten entsteht aus diesen vier Zutaten eine kleine Geflügel-Delikatesse.

PUTE MIT ROSENKOHL

Energiegehalt 1,14 MJ/100 Gramm Futter

50 Prozent Putenfleisch
30 Prozent Hirse
15 Prozent Rosenkohl
5 Prozent Sonnenblumenöl
Calcium oder Mineralstoffmischung je nach Gewicht des Hundes.

Ein Esslöffel Hirse wiegt 15 Gramm, ein Rosenkohl 15 Gramm, ein Esslöffel Öl 10 Gramm.

Die Hirse im Verhältnis ein Teil Hirse zu 2,5 Teilen Wasser in etwa 25 Minuten gar kochen. Den Rosenkohl in Wasser 25 Minuten gar kochen.

In der Zwischenzeit das Putenfleisch schneiden und in dem Sonnenblumenöl in einer Pfanne kurz anbraten.

Den gekochten Rosenkohl mit dem Pürierstab pürieren, mit der Hirse, dem Fleisch und den restlichen Zutaten mischen und lauwarm servieren.

> *Geeignet für:*
> - *alle Hunde, außer für übergewichtige Hunde; nach Alter und Leistung abgewandelt*
> - *Das Öl weglassen und das Fleisch stattdessen mit dem Rosenkohl kochen, dann können auch übergewichtige Hunde dieses Futter fressen.*

Bratfisch

Energiegehalt 0,74 MJ/100 Gramm Futter

50 Prozent Seelachs
20 Prozent Reis
10 Prozent Tomaten
15 Prozent Porree
5 Prozent Sonnenblumenöl
Calcium oder Mineralstoffmischung je nach Gewicht des Hundes.

Ein Esslöffel Reis wiegt 15 Gramm, eine mittelgroße Tomate 100 Gramm, ein Esslöffel Öl 10 Gramm.

Den Reis im Verhältnis von einem Teil Reis zu zwei Teilen Wasser in etwa 25 Minuten bei kleiner Hitze gar kochen.

Den Porree in feine Streifen schneiden, die Tomaten in kleine Stücke schneiden. Den Fisch waschen und in dem Öl in einer Pfanne kurz anbraten.

Den Fisch herausnehmen und in der Pfanne das Gemüse anbraten, bis der Porree glasig ist. Alle Zutaten vermischen und lauwarm servieren.

Geeignet für:
- normale Hunde
- alte Hunde
- übergewichtige Hunde

Nicht geeignet für:
- Leistungshunde
- tragende und säugende Hündinnen
- Welpen und Junghunde

Fisch und Gemüse werden hier nur angebraten, nicht durchgeschmort.

REZEPTE

Hering mit Quark

Energiegehalt 0,80 MJ/100 Gramm Futter

50 Prozent Hering
10 Prozent Magerquark
25 Prozent Kartoffeln
10 Prozent Salatgurke
5 Prozent Sonnenblumenöl
Calcium oder Mineralstoffmischung je nach Gewicht des Hundes

Ein gehäufter Esslöffel Quark wiegt 15 Gramm, eine mittelgroße Kartoffel 100 Gramm, ein Esslöffel Öl 10 Gramm.

Die Kartoffeln waschen und mit der Schale im Wasser etwa 30 Minuten gar kochen. Das Öl in eine Pfanne geben und den Hering in der Pfanne gar braten, danach den Fisch in maulgerechte Stücke schneiden. Der Kopf und die Gräten des Fisches müssen nicht entfernt werden.

Die Salatgurke in Stücke schneiden und mit dem Pürierstab pürieren, oder reiben Sie die Gurke auf der Gemüsereibe. Die Kartoffeln mit Schale zerquetschen und alle Zutaten vermischen.

Geeignet für:
- normale Hunde
- alte Hunde
- übergewichtige Hunde

Nicht geeignet für:
- Leistungshunde
- tragende und säugende Hunde
- Welpen und Junghunde

Das schmeckt nicht nur Hunden an der Waterkant.

Dieses Hunde-Porridge ist eine vollwertige Mahlzeit, kein Pausen-Snack.

Frühstücksbrei

Energiegehalt 0,87 MJ/100 Gramm Futter

50 Prozent Buttermilch
45 Prozent Haferflocken (oder Gerstenflocken)
5 Prozent Apfel
Calcium je nach Gewicht des Hundes

Ein Esslöffel Buttermilch wiegt 15 Gramm, ein gehäufter Esslöffel Haferflocken 10 Gramm, ein Viertel Apfel 25 Gramm.

Die Getreideflocken über Nacht in der Buttermilch einweichen. Den Apfel reiben und zusammen mit dem Calcium hinzufügen. Wenn Sie die Schale Ihres eigenen Frühstückseis untermischen, können Sie auf eine zusätzliche Calciumgabe verzichten.

Wenn Sie abends noch ein anderes Futter geben wollen, dürfen Sie natürlich nur die Hälfte der errechneten Menge des Frühstückbreis verabreichen, ebenso wie nur die Hälfte des anderen gewählten Futters abends.

Geeignet für:
- *alle Hunde in Abwandlung nach Alter und Leistung*

REZEPTE

Kalte Küche

Energiegehalt 0,91 MJ/100 Gramm Futter

50 Prozent Thunfisch aus der Dose (in Wasser)

35 Prozent Zwieback

15 Prozent Tomaten

Calcium oder Mineralstoffmischung je nach Gewicht des Hundes

Ein Zwieback wiegt 10 Gramm, eine mittelgroße Tomate 100 Gramm. Die Tomaten mit dem Pürierstab pürieren und den Zwieback in Stücke brechen. Den Thunfisch mit Wasser in den Futternapf geben und mit einer Gabel zerkleinern. Dann alle Zutaten hinzufügen und vermischen. Fertig!

> **Geeignet für:**
> • alle Hunde, außer übergewichtigen Tieren

Leckerlis

Hier finden Sie Leckerlis und Belohnungen für zwischendurch. Sie sollten allerdings nicht zu viel davon täglich verabreichen, sonst hat Ihr Hund sehr schnell ein Gewichtsproblem.

Die handelsüblichen Leckerlis sind wirklich nicht zu empfehlen, da sie fast immer Zucker und Farb- und Konservierungsstoffe enthalten.

So haben wir uns entschlossen einige Rezepte aufzuführen.

Sie können auch eine geschälte Möhre, ein Stück Apfel oder ein Stück trockenes Brot als Belohnung geben.

Ein Geheimtipp sind auch kleine Stücke gekochte Leber, sie können bei der Erziehung Wunder wirken.

Wenn ganz schnell etwas Leckeres in den Napf soll, wird auch mal eine Dose aufgemacht.

Hundekuchen

4 Tassen Mehl
1 Tasse Haferflocken
1 Tasse Weizenkleie
1 Päckchen Trockenhefe
1 Tasse heiße Gemüsebrühe
$^1/_4$ Tasse kalte Milch
250 Gramm gemahlene Haselnüsse (oder 250 Gramm geriebene Möhren oder 250 Gramm geriebene Äpfel)
Eventuell auch noch eine Hand voll frischer Küchenkräuter untermischen

Alle Zutaten gut mischen, durchkneten, ausrollen und Formen ausstechen.

Auf ein Backblech mit Backpapier legen, bei 180 ° C auf mittlerer Schiene braun backen und im Ofen nachtrocknen lassen, damit sie schön fest werden.

Vollkornkeks

2 Tassen Vollkornmehl
1 Esslöffel Maismehl
$^1/_2$ Tasse Sojamehl
1 Teelöffel Futterkalk
1 Esslöffel Kürbiskerne
2 Esslöffel Sonnenblumenöl
1 Esslöffel Milch, darin 2 Eier verquirlen
1 Esslöffel dieser Eiermilch beiseite stellen

Alle Zutaten gut verkneten und den Teig eine halbe Stunde gehen lassen. Danach circa 1 Zentimeter dick ausrollen und in Stücke schneiden. Mit der beiseite gestellten Eiermilch bestreichen und im Backofen 30 Minuten bei 175 ° C backen. Backofen ausschalten und den Hundekuchen im geschlossenen Backofen mindestens noch eine halbe Stunde aushärten lassen.

Nüsse oder Äpfel – die Zutaten bestimmen, wie energiereich die kleinen Kuchen werden.

REZEPTE

Diese Leber-Kugeln sind heiß begehrte Belohnungen, selbst bei Leckerli-Muffeln.

Leberkugeln

100 Gramm Hühnerleber (oder eine andere außer Schwein)
1 Ei
100 Gramm Sojamehl
2 Esslöffel Butter
150 Gramm Vollkornweizenmehl
1 Esslöffel Hefeflocken

Die Leber pürieren und mit allen Zutaten mischen, Teig zu kleinen Kugeln formen oder einen Zentimeter dick ausrollen und Rauten daraus schneiden (2 x 1 Zentimeter groß).

Im vorgeheizten Backofen bei 180 °C (160 °C Umluft) circa zehn Minuten backen.

Die Kugeln noch eine Stunde im abgeschalteten Ofen nachtrocknen lassen.

KAROTTEN-KÄSE-MUFFINS

1 Tasse Weizenmehl
1 Tasse Vollkornmehl
1 Esslöffel Backpulver
1 Tasse geriebener Käse
1 Tasse geriebene Karotten
2 große Eier
1 Tasse Milch
$^1/_4$ Tasse Pflanzenöl

Das Mehl mit dem Backpulver sorgfältig mischen. Den Käse und die Karotten zugeben und alles gut durchkneten.

In einer anderen Schüssel die Eier schlagen und dann die Milch und das Öl unterrühren. Diese Masse über das Mehl schütten und vorsichtig untermengen.

Die Mulden des Muffinbleches mit Butter einfetten und jede Mulde zu drei Vierteln mit dem Teig füllen.

Den Ofen auf 175 °C Grad vorheizen und dann die Muffins auf der mittleren Schiene 20 bis 25 Minuten backen lassen.

Die Muffins aus den Mulden lösen und abkühlen lassen.

Backen Sie nicht auf Vorrat. Ohne Konservierungsstoffe sind auch die Muffins nur begrenzt haltbar.

REZEPTE

Über dieses Knabber-Geschenk freuen sich Hunde nicht nur an Weihnachten.

Weihnachtsplätzchen

$3^{1}/_{2}$ Tassen Weizenmehl

2 Tassen Weizenvollkornmehl

1 Tasse Roggenmehl

1 Tasse Speisestärke (Mondamin)

2 Tassen Haferflocken

3 Eier

$^{1}/_{2}$ Tasse Milchpulver (möglichst Welpenmilchpulver)

$^{1}/_{4}$ - $^{1}/_{2}$ Liter Fleischbrühe (entweder fertig gekauft, möglichst ohne Geschmacksverstärker, oder selbst gekocht)

1 Prise Salz

Alle Zutaten vermischen und gut durchkneten. Danach den Teig flach ausrollen und mit Förmchen Plätzchen ausstechen. Auf ein mit Backpapier ausgelegtes Blech legen. Den Ofen vorheizen und die Plätzchen bei 150 °C Grad auf der mittleren Schiene backen.

Winterglück

4 Tassen Maismehl (in türkischen Geschäften erhältlich)

3 Tassen Hühnerleber

2 Eier

1 Tasse Gemüsebrühe

1 Esslöffel Pflanzenöl

Die Hühnerleber mit dem Pürierstab zerkleinern. Die Eier in eine große Schüssel schlagen, die Eierschalen zerkleinern und alle anderen Zutaten in der Schüssel vermischen und mit den Knethaken des Mixers durchkneten.

Den Ofen vorheizen und die Teigmasse mit zwei Teelöffeln in kleinen Häufchen auf ein mit Backpapier ausgelegtes Backblech geben. Bei 180 °C etwa 30 Minuten lang backen. Danach im Ofen nachtrocknen lassen. Diese Bällchen sind im Kühlschrank etwa eine Woche haltbar. Durch die Beigabe der zerkleinerten Eierschalen haben diese Leckerlis einen hohen Calciumgehalt.

VEGGIKEKS

2 Eier
$^1/_4$ Tasse Milch
$^1/_2$ Tasse Sojamehl (Bioladen)
2 Tassen Vollkornweizenmehl
$^1/_4$ Tasse Maismehl
1 Teelöffel Eierschalen (grob zerkleinert)
$^1/_4$ Tasse Kürbiskerne (grob zerkleinert)
2 Esslöffel Pflanzenöl
2 Esslöffel Rübenkraut

Die Mehle, die Kürbiskerne und die Eierschalen vermischen. Die Eier mit der Milch, dem Öl und dem Rübenkraut vermischen.

Diese Mischung bis auf einen Esslöffel für die Glasur zum Mehl geben. Den Teig gut durchkneten, und wenn er zu fest wird, noch etwas Milch hinzu geben.

Den Teig eine halbe Stunde ruhen lassen. Dann ausrollen, mit einem Messer die gewünschten Formen ausschneiden und die Kekse mit dem Rest der Milch-Eier-Mischung bestreichen.

Den Ofen vorheizen. Die Kekse auf ein mit Backpapier ausgelegtes Blech legen und bei 185 °C auf der mittleren Schiene etwa 30 Minuten backen bis sie leicht gebräunt sind.

Danach bei abgeschaltetem Ofen noch etwa zwei Stunden nachtrocknen lassen, damit sie noch etwas härter werden.

Maismehl, Kürbiskerne und Rübenkraut geben diesen Keksen das besondere Extra.

REZEPTE

KNOBLAUCHTALER

250 Milliliter Hühnerbrühe
300 Gramm Weizenmehl
3 Knoblauchzehen
2 Esslöffel gehackte Petersilie
75 Gramm Bierhefe
1 Prise Meersalz
3 Esslöffel Olivenöl
1 Esslöffel Weizenkeime

Das Mehl, die Bierhefe, die Weizenkeime und das Salz vermischen. Den Knoblauch schälen und durch eine Knoblauchpresse drücken und mit dem Öl und der Petersilie in eine große Schüssel geben und vermischen. Geben Sie nun abwechselnd unter dauerndem Rühren die Mehlmischung und die Hühnerbrühe in die Schüssel und rühren Sie den Teig so lange, bis er glatt ist. Heizen Sie den Ofen auf 205 °C vor.

Formen Sie den Teig zu einer Kugel, rollen Sie den Teig auf einer bemehlten Arbeitsfläche aus und stechen mit einer Tasse oder schneiden mit einem Messer runde Taler aus. Die Plätzchen auf ein mit Backpapier ausgelegtes Blech legen und im Ofen etwa 20 Minuten backen, bis sie gebräunt sind. Bei ausgeschaltetem Ofen sollten die Taler noch ein paar Stunden nachtrocknen. Die Kekse sollten im Kühlschrank aufbewahrt werden und sind dort etwa eine Woche haltbar. Sie können auch einen Teil einfrieren.

HUNDE-EIS

1 Becher Naturjoghurt
1 Esslöffel Honig

Den Honig unter den Joghurt rühren und die Mischung in dem Plastikbecher so lange ins Gefrierfach des Kühlschrankes stellen, bis sie fest gefroren ist. Fertig ist das Hunde-Eis. Allerdings widerspricht dieses „Hundefutter" der Regel, dass ein Hund nichts Eiskaltes fressen soll. Wenn allerdings sonst richtiges Speiseeis gefüttert wurde, ist dieses Hunde-Eis bestimmt die gesündere Alternative, denn wenn sie nicht zur Dauereinrichtung wird, kann einem gesunden Hund keinen Schaden zufügt werden.

An Hundstagen ist auch mal etwas Eiskaltes erlaubt, wenn es so gesund ist.

Aus diesen Zutaten wird ein Maiskuchen gebacken, von dem Schleckermäulchen nie genug bekommen.

Süsser Nachtisch

500 Milliliter Milch
2 Eier
74 Gramm Maisgrieß
2 Esslöffel Honig
2 Esslöffel Rübenkraut
2 Esslöffel Rosinen
1 Prise Salz
1 Teelöffel Butter für die Form

Die Milch in einem Topf bei mittlerer Hitze zum Kochen bringen, den Maisgrieß langsam unter ständigem Rühren hinzugeben und bei kleiner Hitze so lange kochen, bis die Masse eindickt, und dann vom Herd nehmen. In der Zwischenzeit den Ofen auf 180 °C vorheizen und eine Keramikform mit Butter einfetten.

Die Eier in einer kleinen Schüssel verquirlen und die Schalen im Mörser grob zerstoßen und dann beides unter den Grieß mischen. Danach den Honig, das Rübenkraut und die Rosinen untermischen, die Masse in die gefettete Form geben und im Ofen eine Stunde backen.

Dies ist ein Nachtisch für alte oder andere Hunde, die gern Süßes mögen. Er sollte allerdings nur zu besonderen Anlässen und nicht zu häufig gefüttert werden.

ANHANG

Anhang

Produkte

Produkt: Aufbaukonzentrat (Calcium 24 Prozent)
Gebrüder Schaette KG
Biologisch-pharmazeutische Präparate
88331 Bad Waldsee
Tel. 07524/40150

Produkt: Kräutermischung Hokamix
Grau GmbH
Industriestr. 21
46419 Isselburg
Tel. 02874/9142-0

Produkt: Calciumcitrat, Seealgenmehl
PRODOCA
Alter Münsterweg 55
59227 Ahlen
Tel. 02528/3235

Produkt: Mineralstoffmischung
Beuto Kronen Spezial-Tiernahrung GmbH
Hafenstr. 11–13
46483 Wesel
Tel. 0281/145-0

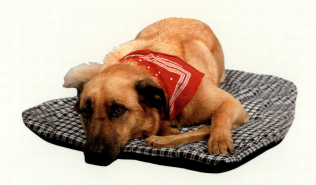

Literaturhinweise

Prof. Dr. Helmut Meyer und Dr. Elke Hekkötter: *Futterwerttabellen für Hunde und Katzen.* Schlütersche Verlagsanstalt

Helmut Meyer: *Ernährung des Hundes.* Verlag Eugen Ulmer

Ilse Sieber: *Hundezucht naturgemäß.* Gollwitzer Verlag

Geheimnisse und Heilkräfte der Pflanzen. Verlag Das Beste

H.G. Wolff: *Unsere Hunde gesund durch Homöopathie.* Johannes Sonntag Verlagsbuchhandlung

Bücher – rund um den Hund ...

... von Cadmos

MENSCH UND HUND SEITE AN SEITE

Dr. Hellmuth Wachtel beleuchtet die Entwicklung des Hundes und der Hund-Mensch-Beziehung umfassend in allen Aspekten und macht daraus eine fesselnde Lektüre. Noch niemals zuvor und nirgendwo sonst kann man so viel über Hund & Mensch erfahren. Sein Buch ist Kynologie vom Feinsten und spannend bis zur letzten Seite.

Format 17 x 24 cm, 352 Seiten, gebunden
ISBN 3-86127-772-7

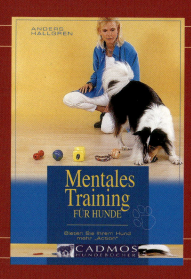

BIETEN SIE IHREM HUND MEHR „ACTION"

Für jeden Hund ist es ein Grundbedürfnis, nicht nur körperlich, sondern auch geistig gefordert zu werden. Wird diesem Bedürfnis nicht entsprochen, kann ein Hund zum Problemhund werden. Daher liegt es an uns Menschen, unsere Hunde sinnvoll zu fordern. Der Lohn ist ein ausgeglichener, zufriedener Begleiter, der sich artgerecht entfalten kann.

Format 17 x 24 cm, 112 Seiten, gebunden
ISBN 3-86127-775-1

HELFEN UND HEILEN – SANFT UND NATÜRLICH

Ursprünglich als Heilmethode für Menschen entwickelt, haben Bachblüten bei Tieren eine oft noch stärkere Wirkung. Bachblüten bringen Disharmonien zwischen Körper und Seele wieder in Einklang. Sie haben keinerlei Nebenwirkungen und vertragen sich mit anderen Therapieformen.

Format 17 x 24 cm, 112 Seiten, gebunden
ISBN 3-86127-774-3

Cadmos Verlag GmbH · Im Dorfe 11 · 22946 Brunsbek
Tel. 0 41 07/8 51 70 · Fax 0 41 07/85 17 12
Besuchen Sie uns im Internet: **www.cadmos-hundepraxis.de**
e-mail: info@cadmos.de

CADMOS HUNDEBÜCHER

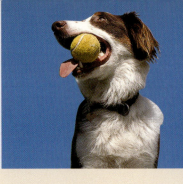

Brigitte Lau
AGILITY

Jeder, der sich für Agility interessiert und begeistert, findet in diesem Buch ausführliche Informationen zu diesem Sport, zahlreiche Tipps und Anleitungen für das Training und eine Reihe aktueller Beispielparcours, anhand derer man das Training sinnvoll gestalten kann.

112 Seiten, gebunden
€ 22,90 · € (A) 23,50 · SFR 40,10

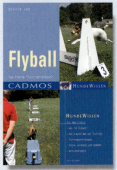

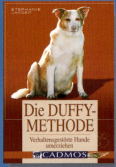

Ursula Jud
FLYBALL

Vier Hürden auf einer kurzen Rennstrecke und ein Kasten, der auf Pedaldruck einen Ball auswirft: Für spielbegeisterte Hunde gibt es kaum einen größeren Spaß als Flyball – das schnelle Spiel um den fliegenden Ball.
Dieses Buch erklärt jeden notwendigen Trainingsschritt vom ersten Ball-Test bis zur Wettkampf-Reife eines Hundes.

32 Seiten, broschiert
€ 5,95 · € (A) 6,20 · SFR 11,00

Christina Sondermann
DAS GROSSE SPIELE-BUCH FÜR HUNDE

Schon mit dem geringsten Aufwand und völlig ohne Vorkenntnisse kann jeder Hundehalter mit seinem Vierbeiner zu Hause die tollsten Dinge anstellen.
Alle in diesem Buch vorgestellten Beschäftigungsideen sind einfach umsetzbar und ohne großen Zeitaufwand oder aufwendiges Training in den Alltag einzubauen.

128 Seiten, gebunden
€ 22,90 · € (A) 23,50 · SFR 39,90

Stephanie Jarger
DIE DUFFY-METHODE

Angst und Aggression sind die häufigsten Verhaltensauffälligkeiten bei Hunden.
Um sich und ihrem Hund zu helfen, entwickelte die Autorin ein eigenes Trainings- und Erziehungsprogramm, das mit wenig mehr als den üblichen Grundkommandos arbeitet, aber in der Therapie verhaltensgestörter Hunde erfolgreich ist.

128 Seiten, gebunden
€ 22,90 · € (A) 23,50 · SFR 39,90

Cadmos Verlag GmbH · Im Dorfe 11 · 22946 Brunsbek
Tel. 0 41 07/851 70 · Fax 0 41 07/8517 12
Besuchen Sie uns im Internet: www.cadmos.de